LA COMUNICACIÓN PUBLICITARIA

Y

LA COMUNICACIÓN POLÍTICA

FEDERICO ZIA

"Estamos cada vez más implicados en los medios de comunicación y cada vez menos en el arte de comunicar".

Studs Terkel

LA COMUNICACIÓN PUBLICITARIA Y LA COMUNICACIÓN POLÍTICA

TABLA DE CONTENIDOS

INTRODUCCIÓN

El texto, dividido en dos partes, presenta los principales temas relacionados con la comunicación publicitaria y la comunicación política.

La primera parte está íntegramente dedicada a la comunicación publicitaria, desde su evolución en la posguerra hasta la publicidad global, pasando por las agencias de publicidad, los efectos de la publicidad, la marca, las estrategias, la creación de mensajes publicitarios, la verificación de la efectividad de la comunicación publicitaria y planificación de medios.

La publicidad es una forma de comunicación idónea a presentar y promover de manera impersonales ideas, bienes y servicios de parte de un promovedor y es efectuada a título oneroso.

Es caracterizada por un proceso bidireccional y se compone de muchos elementos:

Emisor: quien emite el mensaje;

Codifica: el proceso por que el pensamiento se transforma en forma simbólica;

Mensaje: junto de símbolos transmitidos por el comunicador;

Medio: canales de comunicación que vehicular el mensaje del manantial al destinatario:

Descodificación: el proceso por que el destinatario transforma los símbolos en sentidos;

Receptor: quien recibe el mensaje;

Contestada: reacción del destinatario después de la exposición al mensaje;

Retroalimentación o realimentación: la parte de respuesta que el destinatario le pospone al girador;

Ruido: distorsión no planeada mensaje, el destinatario puede recibir un mensaje diferente o parte de ello, con respecto de aquel enviado del girador.

Este proceso sólo es válido si emisora y destinatario comparten los mismos códigos, mismas convenciones que permiten de descodificar las señales.

La segunda parte del texto está dedicada a la comunicación política.
La comunicación política es el resultado de la interacción entre tres actores:

El sistema político;

El sistema de los medios de comunicación;

El ciudadano-elector.

Ata el mundo de la comunicación a la esfera política invadiendo en muchas disciplinas cha van de la psicología a la psicología social, de las ciencias de la comunicación a la historia, de la antropología a la semiótica.
Sus raíces pueden ser investigáis en la filosofía griega que se concentró sus discursos en el poder, sobre la democracia y sobre el concepto de autoridad, hasta a llegar a la comunicación entre los miembros de una comunidad sobre tales argumentaciones y por lo tanto en la retórica.
Entre los filósofos griegos estuvo presente el debate sobre el poder de la retórica, el efecto del discurso persuasorio sobre el público.
La retórica se configuró como arte de la persuasión y la comunicación política

se configuró como retórica, hoy la retórica ha asumido una connotación negativa y despreciativa, sinonímico de falso y artificioso pero el lenguaje político es un lenguaje que apoya sobre la persuasión y como tal no puede prescindir de la retórica.

En el mundo de la antigua Roma, a los tiempos de la República, la comunicación política se configuró como técnica de manipulación del electorado por propaganda oral y comunicación escrita, como por ejemplo "El pequeño manual de la campaña electoral" escrito por el hermano de Cicerón dónde fue explicado como convencer a los electores romanos. Después de la República la comunicación política se asoma al mundo con la revolución americana y la revolución francesa fina a llegar al siglo XIX cuando empieza a difundirse la idea de libres elecciones. En este período la comunicación política es favorecida:

De los choques entre los partidos dentro de los parlamentos;

Del nacimiento de líderes políticos;

Del nacimiento de los grandes periódicos.

La comunicación política se afirma definitivamente en el siglo XX gracias al nacimiento y a la difusión de los medios de comunicación de masa.

Durante las dos guerras mundiales la comunicación política asume los semblantes de la propaganda y la manipulación y está solo en los años' 50 y' 60, gracias a la difusión de la televisión, que la comunicación política se pone fundamental, dentro del "espacio público mediatizzato", por los gobiernos, líder y partidos políticos.

Los EE.UU. se vuelven el más gran laboratorio al mundo de comunicación política gracias a la estabilidad de las instituciones democráticas y a la libertad de información.

Habermas prefiere al "espacio público mediatizzato" la "esfera público burgués".

Cree a los ciudadanos los depositarios de la democracia por tanto la comunicación política sólo es posible si la opinión pública es informada y crítica, el contexto sociopolítico tiene que ser caracterizado por la libertad.

Dahlgren distingue la "esfera público burgués" de Habermas en "esfera pública cultural" y "esfera pública política".

La esfera pública cultural es aquel en que circulan las ideas sobre las artes, sobre la literatura, ecc., mientras la esfera pública política es aquel en que circulan las ideas sobre discutes de interés común.

Hace falta también volver a llamar el concepto del "mercado de las ideas" según que lo ciudadano gracias al acceso a muchas informaciones y a opiniones sobre discutes de público interés se forma ideas propias.

Los medios de comunicación no ocupan todo el espacio público porque dentro de la sociedad civil se desarrollan igualmente de los debates no vehicular por el medios de comunicación y tíos debates pueden transformarse en subculturas y movimientos, y está solo a este punto que el medios de comunicación son utilizados para alcanzar un público más amplio, el espacio público general.

PRIMERA PARTE

LA COMUNICACIÓN PUBLICITARIA

1

EVOLUCIÓN

Las raíces de la publicidad moderna deben ser investigadas en la invención de la prensa a tipos sueltos realizados por Gutenberg en el siglo XV.

La evolución de las técnicas de prensa permitió el nacimiento de carteles y revistas dónde fueron insertados los primeros anuncios publicitarios, publicidad.

En el siglo XIX en consecuencia de la revolución industrial se tuvo un gran desarrollo de la publicidad. Las primeras concesionarias especializadas nacieron en Francia, se ocuparon de venta de espacios publicitarios de los periódicos.

En Italia fue Attilio Manzoni, en el 1863, a fundar a la primera concesionaria de publicidad.

En los años' 20 la publicidad empezó a desarrollarse ulteriormente en EE.UU.

Gracias a la evolución de la cultura de mercadotecnia la publicidad empieza a superar la impostación finalizada a la genérica presentación de un producto o una marca y a afirmar la impostación finalizada a enfatizar calidad y prestaciones de un producto o una marca.

El objetivo de las empresas fue hacer preferir el producto.

Uno de los primeros publicitario a emprender tal dirección fue Claude Hopkins, en el 1925 Scientific Advertising escribió donde sustenta la distinción entre arte y publicidad acercando la publicidad a la actividad de venta. En aquellos años el mensaje publicitario se puso articulado, completo y riguroso, en fin más eficaz para estimular las adquisiciones.

En Italia tal proceso fue ralentizado primero por el fascismo y luego de la segunda guerra mundial.

Hacia el fin de los años' 50 en Italia la publicidad fue admitida dentro de un espacio dedicado, Carrusel.

Se creyó que el telespectador fuera molestado de la publicidad y por tal motivo las empresas que quisieron disfrutar de Carrusel tuvieron que proveerle al telespectador a una miembro espectacular.

Tales spettacolini tuvieron que ser compuestos de:

Ciento segundos de espectáculo sin la presencia del producto de anunciar;

Trentacinque segundo por la coleta comercial.

Fueron realizados filmados de animación o en directo interpretados por las personalidades del espectáculo más popular.

Mientras la Italia de los años' 50 estuvo metido en la reconstrucción post-bélica, los EE.UU. vivieron una gran expansión de los consumos que favoreció el mercado publicitario, una expansión parecida llegó a Italia a partir de los años' 60.

La evolución publicitaria ha sido caracterizada por cuatro estrategias:

- **Estrategia relativa a la calidad técnica:** años' 50,' 60 y' 70;

- **Estrategia relativa a los precios:** años' 50,' 60 y' 70;

- **Estrategia relativa a la imagen:** años' 80;

- **Estrategia relativa a los servicios:** años' 90 y tercer milenio.

1.1 Los años '50, '60 y '70

Tal período fue caracterizado por el dominio de las agencias de Madison Avenue (Nueva York).

La ventaja competitiva fue representada por la elevada calidad técnica de los productos publicitarios.

Los grandes clientes que estaban internacionalizando preguntaron a las agencias de desarrollarse, de abrir sucursal al extranjero.

De los años' 60 a hoy la publicidad es atada a la evolución de la situación competitiva.

En los anni'60 el middle class italiano alcanzó una disponibilidad económica que le permitió de gastar dinero no por consumos de primeras necesidades pero para mejorar la calidad de vida.

Las características de la situación competitiva son:

- **desarrollo pregunta interna;**

- **mercado garantizado, el producto se vende;**

- **márgenes amplios;**

luego la publicidad es usada para hacer conocer el producto.

Después del estampido económico la publicidad por una crisis económica y cultural, muchos intelectuales creyeron que la publicidad creaba necesidades de consumo falso.

Éste ocurrió alrededor del 1964.

Los años' 70 fueron un período difícil, el desarrollo económico ralentizó, acentuado por la crisis petrolífera del 1973.

Con el aumento del coste del petróleo disminuyó el poder de adquisición de la clase mediana.

La pregunta disminuyó y éste creó así un superávit de oferta las empresas empezaron a actuar políticas comerciales agresivas actuando de modo compacto sobre la publicidad.

Las agencias publicitarias, para enfrentar los mayores costes debidos a la crisis, empezaron a reducir el personal pero al mismo tiempo empezaron a nacer nuevas agencias, institutos de búsqueda y estructuras media.

Empiezan a difundirse estructuras pequeñas y flexibles además de los boutiques creativos.

En Italia la publicidad sigue las enseñanzas de Rosser Reeves que ideó la fórmula USP, Unique Selling Proposition, la publicidad tiene que ofrecer un solista beneficio para el consumidor que la competencia no puede proponer. Tal beneficio tiene que ser tan fuerte que empujar a la adquisición millones de consumidores y tiene que manar de los hechos inherentes el producto anunciado., es la publicidad que tiene que hacer preferir el producto.

Por ejemplo los anuncios de Emanuele Pirella por los Jesus Vaqueros volvieron a llamar el clima de libertad social y cultural.

En el primer anuncio fue representado donde el abdomen desnudo de una chica con los vaqueros desabotonados el head line recitó "no tendrás otros vaqueros al infuori de mí", el segundo anuncio retiró el trasero de una chica en pantalones cortos vaqueros y el head line recitó "quien me quiere me siga."

En el 1976 una sentencia de la Corte Constitucional sancionó el fin del monopolio Rai y empezaron a nacer las TV privadas, en el 1977 acaba carrusel y en el 1981 nace Canal 5.

Las TV privadas, acerca de 500 en el 1980, devolvió a disponibles mayores espacios publicitarios, los usuarios aumentaron y con ellos las inversiones publicitarias. Se dio de 360 mil millones de liras del 1974 a 3200 mil millones de liras del1984.

1.2 Los años '80 y '90

La situación económica en los primeros años' 80 no fue positivo y eso determinó un aumento de la competitividad y la publicidad se volvió uno de los instrumentos más importantes por las empresas.

El lenguaje publicitario fue ayudado de las búsquedas psicográficas y sobre los alambiques de vida.

En el curso de los años' 80 se tuvo luego una reanudación económica que hizo aumentar la pregunta. Las tendencias de mercado fueron:

- **consumidor hedonista, identifica el bien con el placer inmediato;**

- **aldea global;**

- **aumento de la competencia;**

- **pregunta competente;**

- **integración industria terciario;**

- **aceleración tecnológica.**

La diferenciación de los productos ocurre cada vez más sobre aspectos sofi, la publicidad apunta a conquistar cada nicho de mercado.

Gracias a la difusión y a expansión de la TV la publicidad adquiere cada vez más un carácter espectacular como las publicidades del Club Med y del Citroen ideado por el francés Jacques Seguela.

En Italia nacieron como publicidades de éxito aquel del güisqui Glen Grant que dio vida al personaje Michele el entendedor o como aquel del Lavazza con Nino Manfredi protagonista del 1981 al 1992.

Fueron historias basadas sobre buenos sentimientos y valores familiares. En este período también el cuerpo se vuelve vehículo publicitario, se piensas en el íntimo masculino y femenino.

En el 1985 durante el VII Foro de la comunicación de mercadotecnia a Milán también es decretada el nacimiento de la publicidad espectáculo en

Italia con el objetivo de hacer preferir la marca o el producto.

Algunos de los más ilustres publicitario italianos como Sorrentino y Magnani sustentaron que "los productos son estándares y la gente lo sabe, por este el valor añadido que los productos pueden tener sólo es un valor añadido de comunicación, imaginaria, fantasía, espectáculo, eso será determinante para la vida de las marcas."

Tal evolución se basa en tres elementos:

- **revaluación de la publicidad de parte del público, como orquesto informativo y spectacular;**

- **muchedumbre de los medios de comunicación;**

- **la publicidad tiene que caracterizar el producto.**

Así La marca se pone importante por las elecciones de los consumidores y las estrategias de comunicación de las empresas en cuánta la imagen de marca suple de

- **garantía de calidad de los productos;**

- **elemento de diferenciación de los productos.**

La publicidad empieza a dedicar menos atención a las características del producto y más atención a la creación de un sistema de valores associabili a la marca.

En la segunda mitad de los años' 80 en Italia, paralelamente al desarrollo de las TV privadas, empiezan a nacer los especialistas de la comunicación (consultores) institutos de búsqueda, especialistas en P.R., medios de comunicación, promoción y creatividad.

Nacen los Hot Shop, pequeñas agencias o estructuras creativas y los Spin Off, pequeñas unidades separadas él de las grandes agencias.

En este período se desarrollan las inversiones publicitarias y las formas alternativas de comunicación de empresa (patrocinios, direct mercadotecnia, promociones, p.r.) gracias al desarrollo de las emisoras privadas, al aumento del espíritu empresarial y al crecimiento del papel de la imagen empresarial. La competición desplaza su campo de acción de la alta calidad técnica de los productos publicitarios a la diferenciación basada sobre la imagen y este gracias al desarrollo de muchos talentos.

Se asiste también a la trituración de la oferta, el servicio completo se descompone en servicios diferentes con base en las exigencias de la clientela. Empiezan a nacer pequeñas unidades especializadas en farmacología, hacienda, comunicación institucional.

Se asiste a fusiones y a adquisiciones con protagonistas los grandes grupos internacionales.

En los primeros años' 90 la situación económica no es malvada, aparte la crisis del 1992, y las familias empiezan a hacer mayor caso a los productos que ofrecen una relación conveniente qualità/prezzo.

El consumidor crítico nace, las inversiones son racionalizadas y se recurre a otras formas de comunicación capaz de proveer un cotejo inmediato, promociones y direct mercadotecnia.

El proceso de trituración empresarial continua y nace una red de estructuras especializadas.

Se impone una estrategia relativa a los torturas, por ejemplo proveer informaciones a los clientes sobre el estado de salud de su marca, etcétera.

En Italia empiezan a nacer los Hard Discount, hipermercados, Centros Comerciales etcétera y eso ha permitido a las empresas de distribución de proponer sus marcas privadas.

Así La marca entra en crisis y los aproches publicitarios seguidos hasta aquel momento perdona de eficacia.

Así la publicidad se vuelve menos emotiva y más razionale/informativa, la atención se desplaza de nuevo sobre el producto y sobre sus características, se abandona la masa y se piensa en el individual individuo.

Los viejos personajes de Carrusel como Calimero de la detergente Antepasada y la Rubia de la cerveza se recobran hasta Peronés además de los minisaghe como aquel del legionario Massimo Lopez de Telecom.

El lenguaje publicitario ya no se es basado en una ironía universal comprensible a todo pero es diferenciado con base en el contexto cultural, sólo las grandes marcas internacionales continúan con un lenguaje internacional como Diesel, Martinos, Pirelli y Swatch solo para citar algunos de ello. Tal lenguaje es compuesto por creatividad, ironía, calidad estética, mímica, música, gestualità.

Sobre la frente de las inversiones publicitarias ocurren dos fenómenos:

Se reducen aquellos relativos al ancho consumo, alimenticio, bebidas;

Aumentan aquellos relativos a los nuevos sectores, informáticos, turismo, bancos, seguros, nuevas tecnologías de comunicación.

1.3 El tercero milenio

La situación competitiva del tercer milenio es caracterizada de:

- Mercado global, expansión territorial;

- Estandarización, eliminación de las marcas y los productos marginales;

- Madurez de los consumidores;

- Sinergias productivas entre empresas;

- Estrategias sobre los costes para conseguir una posición de liderato de parte de las empresas;

- Mejor performance percibido por el consumidor, mayor valor a la relación calidad/precio.

Uno de los principales fenómenos de este período es la concentración de las agencias publicitarias en grandes grupos internacionales.

Eso permite de tener una gran disponibilidad de recursos, poseer mayores competencias y atraer los mejores talentos.

Entre las mayores agencias Wpp Group regresa, Interpublic, Dentsu, Omnicom, Armando Cabeza, McCann Erickson, Young & Rubicam.

La publicidad en este período se vuelve coche con buenas referencias, cortinas a tener como objeto él mismo y no el producto de anunciar que posee menos características que lo diferencian de los otros.

La publicidad aspira a establecer una relación de complicidad con el "consumidor crítico" para hacer derrumbarse las defensas psicológicas.

El objetivo publicitario se vuelve aquel de establecer relaciones duraderas con el público, la marca empieza a sustentar un diálogo con el público por tres modalidades:

- **Anomalía**: la publicidad tiene que conformarse con los inesperados cambios sociales y coger de ello las oportunidades;

- **Rapidez**: la publicidad tiene que lograr incrementar las ventas en el breve período considerado la velocidad del cambio social;

- **Seducción**: la publicidad tiene que lograr establecer una relación duradera con el público.

Este período es caracterizado por cinco cambios:

- **Empresas**: son combatidas entre 2 direcciones, la eficiencia de los costes y la lógica de los provechos por un lado e inversiones e innovaciones inteligentes por el otro;

- **Media**: gracias al desarrollo de los medios de comunicación cada usuario puede disfrutar de una oferta personalizada y nuevos mercados se han abierto;

- **Distribución**: desaparecen las pequeñas tiendas y se afirma la gran distribución organizada, el packaging se pone fundamental para estimular las adquisiciones, sobre todo los de impulso;

- **Consumidor**: Bargain Oriented se vuelve, orientado al asunto, crítico hacia la publicidad. Los consumidores pueden ser distinguidos en:

- **Economy Oriented**: los que buscan el precio más bajo;

- **Quality Oriented**: los que buscan la calidad;

- **Bargain Oriented**: los que buscan el precio justo, justa relación calidad/precio.

- **Agencias de publicidad**: están pasando de poco y grandes con servicio completo a una oferta triturada, compuesta por muchas realidades competitivas y creativas.

Las agencias nacieron como una extensión de los medios de comunicación que las pagaron con uno%, acerca del 15% sobre lo total invertido para cada cliente.

Sucesivamente, a tal papel de intermediación, fueron acercadas otras funciones de consultoría y creación de contenidos publicitario vehicular por los medios de comunicación.

Los servicios se pusieron cada vez más especializados y empezaron a nacer las agencias a servicio completo, consultoría de mercadotecnia, packaging, públicas relaciones, búsquedas y estrategias, promociones, creación, asistencia a la producción, acontecimientos especiales, patrocinios, control calidad, control competencia, planificación y adquisición de los medios de comunicación.

El paso de las grandes agencias a las pequeñas agencias les ha permitido a los usuarios de seleccionar a muchos pareja por muchos servicios sin dirigir más a las agencias a servicio completo.

Tal situación ha hecho entrar en crisis el sistema de remuneración se basado en el 15% en cuántos los usuarios ya no son dispuestos a pagar por servicios utilizados.

Eso empuja al nacimiento de nuevos sistemas de remuneración:

- **Contratos escalar**: la comisión% disminuye con el aumento del presupuesto;

- **Contratos abiertos**: la comisión% varia según los servicios empleado;

- **Incentivos**: la comisión% aumenta al logro de determinados objetivos;

- **Contratos atascados**: la comisión% es reemplazada por un Fcc (cifra preestablecida).

El tercer milenio también es caracterizado por la disminución del presupuesto de las empresas reservado a la publicidad, del recurso a las políticas promocionales y de la disminución de la fidelidad de los consumidores.

La disminución de fidelidad implica un aumento de los costes en cuánto por fidelizzare nuevos clientes es necesario invertir en la imagen y en búsquedas de mercado relativo al nuevo cliente.

Hasta hace unos años la fidelidad mediana fue de 7 años, hasta a un pico máximo de 14 años.

Actualmente la fidelidad mediana se reduce a pocos meses.

Se piensas en la publicidad de Calzedonia con testimonial Julia Roberts. La empresa, en una situación de crisis y despidos debidos a una bajada de las ventas a nivel internacional, ha decidido invertir mucho en publicidad para reenvidar la imagen de la marca, por fidelizzare nuevos clientes y enganchar aquellos viejos.

Para reaccionar a tal escenario las agencias han elegido la calle de la fusión en aglomerados financieros y han creado unidades especializadas capaz de proveer separadamente servicios y de procurar el servicio completo cuando resulta necesario.

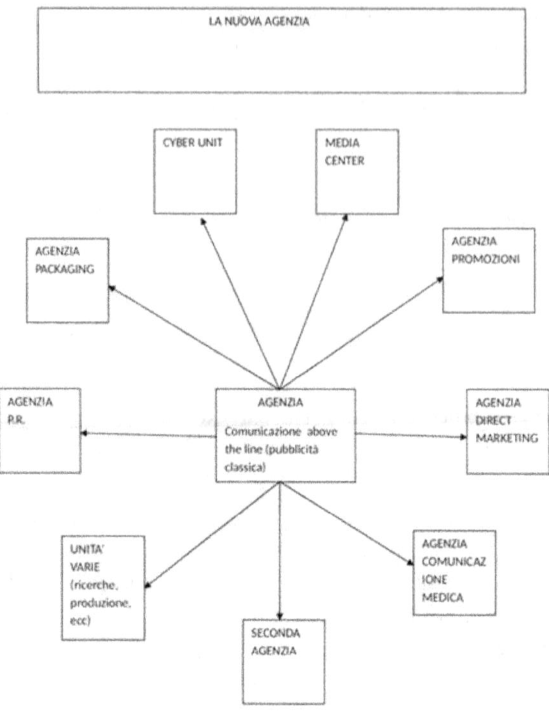

LA NUOVA AGENZIA
CYBER UNIT
MEDIA CENTER
AGENZIA PACKAGING
AGENZIA PROMOZIONI
AGENZIA P.R.
AGENZIA
Comunicazione above the line (pubblicità classica)
AGENZIA DIRECT MARKETING
UNITA' VARIE (ricerche, produzione, ecc)
AGENZIA COMUNICAZIONE MEDICA
SECONDA AGENZIA

2

LA AGENCIA PUBLICITARIA, LOS EFECTOS DE LA PUBLICIDAD Y LA MARCA

Los fundamentos de una agencia publicitaria son representados por el Product Team, el equipo de trabajo, que debe ser creado a hoc con base en las solicitudes del cliente.

Hace falta hacer caso al hecho que un Product Team es diferente de un simple grupo de profesionales.

En el Product Team es fundamental el Brainstorming, generación de ideas por el cambio de experiencias e inuizioni, un grupo de profesionales puede volverse Product Team por el "modelo del liderato situacional."

Tal modelo preve cuatro estadios de desarrollo que varían con base en la motivación y preparación individual:

- **Primero estadio**: esfera del ordenar, centrado sobre la tarea y no sobre la relación, el grupo es muy inmaduro;

- **Segúndo estadio**: esfera del convencer, centrado sea sobre la tarea que sobre la relación, el grupo es inmaduro;

- **Tercero estadio**: esfera de la participación, centrada sobre la relación y menos sobre la tarea, el grupo está maduro;

- **Cuarto estadio**: esfera de la delegación, centrada poco sobre la relación y poco sobre la tarea, grupo muy maduro.

La figura central del Product Team es el Account executive, es el organizador, el cliente representa dentro de la agencia.

Alista a todos los que son necesarios a la idea publicitaria: creativos, da forma a las ideas, planner, planea la ideación, media, se ocupa de los medios de comunicación que vehicular la publicidad, productora, producción material de las ideas, investigador, estudia el consumidor, especialista de técnicos below the line (promociones, direct mail, etcétera).

Todos los profesionales hacen parte de la agencia en unidades interiores y externas.

Al interior de la agencia hace falta distinguir entre la publicidad clásico definido above the line, revuelta a las actitudes y a la publicidad below the line (promociones, direct mail, etcétera), dirige a los comportamientos.

Tales definiciones nacen del hecho que en algunos balances empresariales los gastos por la publicidad y las promociones son separado por una línea ideal.

Sobre tal línea hay los costes de producción y la publicidad, bajo hay los costes de promoción y distribución.

La publicidad es considerada una inversión que tiene que producir resultados en el largo período mientras la promoción es considerada un gasto que tiene que producir resultados en el breve período.

2.1 Organización y tramitación laboral

En general las agencias son organizadas en unidades interiores y unidades externas.

La red externa es compuesta por sociedad de propiedad de la agencia pero autónomas del punto de vista gestional y comercial.

Tal red permite a la agencia de tener unidades especializadas, disminuir los aspectos burocráticos y tener un mercado más grande.

Las unidades que componen la red externa son:

-      **La segunda agencia**: tiene que satisfacer necesidades particulares de los clientes, como por los productos prestigiosos, debe el coste gestional ser pequeña es inferior al de la agencia madre y puede satisfacer clientes en competición con los de la agencia madre, los contratos de agencia tienen que estar en exclusiva;

-      **El centro media**: se ocupa de la planificación y de la adquisición de los espacios publicitarios sobre el medios de comunicación, puede trabajar para clientes directos, por otras agencias y para los clientes de la agencia madre. Los centros media también pueden ser independientes.

A su interior hay grupos de trabajo especializados por cada medio de comunicación e importante es el despacho estudios y búsquedas;

-      **La agencia de públicas relaciones**: especialistas de la comunicación os obran.

Se ocupa de comunicación institucional, patrocinios, movimientos de opinión, relaciones con opinion líder, entorno, crisis, incidente, etcetera;

- **La agencia de packaging**: se ocupa del espacio expositivo de los productos y las gremialistas diseño.

El packaging es el confezionamento del producto y concierne la insignia de la tienda, el logo de la marca, los colores, el embalaje, los uniformes de los vendedores y los medios de transporte;

- **La agencia de promoción**: las promociones son los action mercadotecnia cuyo objetivo es un resultado en el breve período: adquisición, empleo, consejo, ofrecido, requerida especificación, lectura de una información, etcetera.

Los instrumentos por ejemplo pueden ser concursos, reales, etcétera;

- **La agencia de direct mercadotecnia**: se ocupa de la comunicación one to one, directo, a domicilio, calle apuesta, vía teléfono, vía mail, etcétera;

- **La agencia de comunicación médica**: concierne los productos éticos, publicidad directa a los médicos y los productos de banco;

- **El cyber unit**: unidades especializadas en las nuevas tecnologías, situado web, etcétera.

También comprenden los web agencies natos a partir del 1995 que conducen las empresas en internet;

- **Las unidades varias**: por ejemplo pueden ser un instituto de búsqueda, se ocupan de búsquedas de base para comprender el escenario competitivo por el análisis sobre el consumo, sobre la distribución, sobre las inversiones, de búsquedas estratégicas para comprender la evolución de valores, comportamientos y actitudes del consumidor, búsquedas a hoc para valorar como por ejemplo el impacto de determinados proyectos el lanzamiento de un nuevo producto o un nuevo nombre, un servicio de comunicación especializada, un servicio de producción por la prensa, casas de producción cinematográfica, casas de producción musical, casas de postproducción.

El principio de base por el funcionamiento de una red externa o network es la economicidad gestional.

La organización general de una agencia preve, además de la red externa:

- **Sector progress**: se ocupa del tráfico y de los plazos del trabajo;

- **Administración y departamento presupuestas**: se ocupa de estimar el coste del prodotto/servizio, control y facturación;

- **Departamento account**: la figura central es el account executive que coordina el product team.

El account executive debe responsable y talentuoso ser acreditada.

En el específico se ocupa de asignar los proyectos, del control de los costes, de la organización del product team, de los cambios, de representar la agencia, curar a la clientela, de comunicación interior, organizar reuniones.

El departamento account es organizado jerárquicamente: client services director, group director, account supervisor, account executive, junior asistentes.

En general cada nivel corresponde a un nivel en el departamento mercadotecnia del cliente;

- **El departamento creativo**: se ocupa de producir ideas.

Los responsables son: creativos directores, group creativos directores.

Las otras figuras profesionales son: productora por radio y tv, transforma las ideas en filmados y audio, elige con base en la relación escandallo calidad la casa de producción, directores, actores, location, músicas, etcétera, art buyer, transforma las ideas en impresos, fotógrafos eligen, dibujantes, modelos, expertos de gráfica, etcétera, copywriter (redactor), art director, se ocupa de la parte visual.

El art director y el copywriter elaboran la idea de base que asume formas cada vez más definidas, selling idea o copy idea o concept es el concepto que traduce el intento de una marca; telling idea o advertising idea es el veicolazione del selling idea; la compaginación es la visualización por medio estático del telling idea; el story board es la visualización dinámica del telling idea.

Una vez definidos la compaginación y el story board se convierten en finished compaginación y shooting board, huellas para el director del spot, en general un dibujo cada según.

- **El departamento planning**: se ocupa del estudio del consumidor, de la marca y de la competencia (análisis situacional).

Establece las estrategias de intervención, las estrategias de comunicación, las estrategias de marca, las estrategias más específicas por la publicidad, copy strategy o copy brief.

Recoge informaciones por el product team, desarrolla búsquedas valiéndose de institutos externos o en justo.

Los pasos que una agencia tiene que seguir cuando un nuevo cliente contacta y tiene que lanzar un nuevo prodotto/servizio son:

- **Briefing**: el cliente por la división mercadotecnia, product brand manager, informa la agencia, división contact del account executive, de los objetivos comerciales de alcanzar;

- **Organización del trabajo**: el account executive organiza el trabajo y el product team.
Distingue si se trata de above the line o below the line e implica las unidades externas;

- **Análisis situacional**: se recogen y analizan informaciones sobre el mercado, sobre el consumidor, sobre la marca por luego proveerla al product team;

- **Copy strategy**: es el documento fundamental, indica las elecciones de intervención;

- **Media strategy**: es otro documento que vehicular los contenidos del copy strategy;

- **Proceso creativo**: el product team inicia a trabajar en autonomía. Vengpno utilizadas verificaciones interiores y externas, de las pre-pruebas o pre-copytest, investigaciones cerca del consumidor para localizar la idea vencedora;

- **Encuentro con el cliente**: la idea le es presentada al cliente por la agencia y se procede a su producción;

- **Fase final**: el producto publicitario es entregado a los medios de comunicación.
Tal producto es controlado en el tiempo y si las circunstancias lo solicitan es modificado.
Tal control ocurre en dos modos, por los resultados de venta del producto y por post-copytest (investigaciones cerca del consumidor).

2.2 Los efectos de la publicidad

Por cuánto concierne los efectos de las publicidades hace falta considerar dos estructuras:

- **Industria cultural**: se puede distinguir en industria cultural primaria (industria editorial) libros, cotidianos, revistas, radio, cine, televisión, escuela e industria cultural secundaria, industria cultural de consumo como por ejemplo la publicidad.

La industria cultural primaria tiene sobre el público una función ideológica tendente al cambio mientras la industria cultural secundaria tiene una función retórica tendente a la consolidación.

La industria cultural primaria influencia la industria cultural secundaria ella que se basa en la persuasión.

La persuasión actúa sobre el Valor Originario (VO) del público objetivo. A tal VO se atará el Valor de Consumo (V) de transmitir. Tal unión ocurrirá utilizando la retórica y V se convertirá en un Valor Adquirido (VA) por el público objetivo.

Por ejemplo en el eslogan "no a la droga arma capital" el VO es el anticapitalismo, V es la condena de las drogas, VA es la convicción que la droga hace mal.

- **Complejidad del individuo**: campo, personalidad, experiencia, estímulos recibidos.

El sujeto recibe los estímulos de los mass-media, de la experiencia, de los grupos a los que participa, en group, de los grupos a los que cortinas, reference group, y de los opinion líderes.

Los estímulos serán filtrados (exposición) elaboración, aprendizaje, del campo psicológico del individuo (personalidad) actitud, necesidades, valores, autoestima, creencias, y del campo psicológico del individuo referido al marca/prodotto/servizio, percepciones de las informaciones, creencias y ellos importancia.

El efecto de la comunicación publicitaria será la actitud hacia el marca/prodotto/servizio que influenciará los estímulos que en el futuro el sujeto recibirá.

Cada estímulo publicitario se compone de seis pasos:

- **Exposición**: por los medios de comunicación el mensaje es expuesto al sujeto;

- **Elaboración**: depende del sujeto (percepción selectiva) y de la estrategia de la marca, motivaciones en la comunicación;

- **Aprendizaje**: el sujeto adquiere el conocimiento del producto, brand awareness, y percibe la fuerza de la marca, brand power;

- **Acción**: acto preparatorio a la elección, como por ejemplo pedir informaciones, seguido por la adquisición.

La acción es influenciada por la mercadotecnia mezcla y de las estructuras esterne/interne al sujeto.

Puede ser influenciada en lo inmediato de un plan integrado entre promoción y publicidad.

La publicidad creará la necesidad y la promoción actuará sobre el comportamiento de elección.

La acción final del consumidor puede ser el rechazo, la indecisión, la adquisición o la señal;

- **Ventas**: manan de la acción del consumidor;

- **Provecho**: superar el break even point, (pica de nivelación entre costes y provechos).

Hay muchos modelos interpretativos que conciernen la elaboración de la publicidad de parte del sujeto:

Dagmar y Aida: según estos modelos la elaboración pasa de los niveles cognitivos a los niveles afectivos a los niveles conativi, empujan a la acción por una solicitud o un mando. Dagmar = conocimiento comprensión convicción acción. Aida = atención interés deseo acción. Ante todo es necesario hacerse conocer, suscitar así atención que hacerse comprender y suscitar interés. Después de iniciarán a estructurarse las convicciones que empujarán a la acción.

Jerarquía de los efectos: según tal modelo el conocimiento y la comprensión pueden ser ayudadas por las campañas de publicidad, anuncios descriptivos, eslogan y cuña.

La satisfacción y las preferencias pueden ser ayudadas por los campos competitivos, campos de imagen, anuncios argumentativos.

La convicción y la acción pueden ser ayudadas por los campos con testimonial, ofrecidas limitadas, promociones, estímulos sobre el punto venta.

GERARCHIA DEGLI EFFETTI	INFORMAZIONI E FATTI	SENTIMENTI ED EMOZIONI	DESIDERI E MOTIVAZIONE
CONOSCENZA E COMPRENSIONE	Campagne di lancio, annunci descrittivi, slogan e jingle		
GRADIMENTO E PREFERENZA		Campagne competitive, campagne d'immagine, annunci argomentativi	
CONVINZIONE E AZIONE			Campagne con testimonial, offerte limitate, promozioni, stimoli sul punto vendita

La secuencia clásica nivel cognitivo nivel afectivo nivelo conativo no viene siempre seguida porque depende del producto, del médium y del contenido del mensaje.

Las secuencias pueden ser:

- **Cognitivo afectivo conativo**: concierne la elaboración de mensajes que conciernen productos a alta implicación. Indicada sobre los medios de comunicación reflexivos como la prensa, ej. privatizaciones;

- **Afectivo conativo cognitivo**: concierne la elaboración de mensajes emotivos que conciernen productos coinvolgenti por medias audiovisuales, ej. coche;

- **Conativo cognitivo conativo afectivo o conativo afectivo cognitivo**: concierne la elaboración de mensajes a baja implicación por medias audiovisuales, ej. detergentes.

Otros modelos son:

- **Modelo de elaboración del Vaughn (FCB Grid)**: preve cuatro áreas definidas del nivel del grado de implicación del público objetivo y del razionalità/emozionalità.

La implicación es la medida del interés del consumidor por el prodotto/servizio, mayor por los productos caros, innovativos.

Es reconducido en ordenada.

En abscisas vine reconducido la subdivisión de las funciones del cerebro, en el hemisferio derecho el emozionalità y en el hemisferio estrago la racionalidad.

En el primer cuadrante está presente la secuencia cognitiva afectivo conativo (conocer) sentir, hacer, os se encuentran como productos los seguros, coche y PC.

En el segundo cuadrante está presente la secuencia conativo cognitivo afectivo (hacer) conocer, sentir, os se encuentran productos algo caros de empleo cotidiano.

En el tercer cuadrante está presente la secuencia afectiva cognitivo conativo (sentir) conocer, hacer, os se encuentran los productos de moda, cosmética, etcetera.

En el cuarto cuadrante está presente la secuencia conativo afectivo cognitivo (hacer) sentir, conocer, os se encuentran como productos lúdicos y comestibles gustosos las patatas o las golosinas.

La secuencia ideal será elegida con base en el producto y al público objetivo.

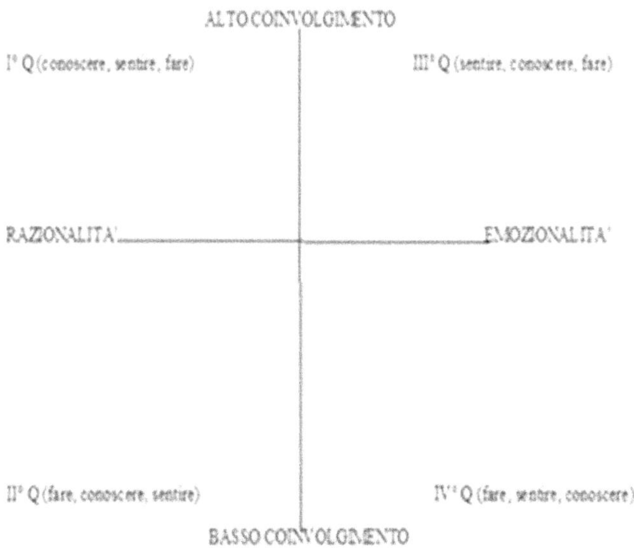

-	**Modelo de Percy y Rossiter**: considera tres variables, la estrategia de marca, la naturaleza del producto y la experiencia del consumidor.
Con base en las motivaciones, emotivas o racionales, que la marca usa en la comunicación, el cuadrante es asignado al prodotto/servizio.

Si la marca en la comunicación utiliza motivaciones racionales, por lo tanto provee informaciones, el producto será asignado al primer cuadrante.
Si la marca utiliza motivaciones emotivas, promete transformaciones, el prodotto/servizio será asignado al segundo cuadrante.
La marca ocupará el tercero y el cuarto cuadrante con base en la implicación del público, alto o bajo.

-	**Modelo ELM (Elaboration Likehood Model)**: si el sujeto es motivado a elaborar el mensaje y tiene de ello la capacidad se tiene una elaboración central, cognitivo afectivo conativo y afectivo cognitivo conativo, con efectos positivos sobre el prodotto/servizio y sobre la imagen de marca.

Si el sujeto no es motivado a elaborar el mensaje o es motivado pero no tiene de ello las capacidades se tiene una elaboración periférica, conativo a cognitivo afectivo o conativo afectivo cognitivo, con efectos de entretenimiento por el espectáculo publicitario.

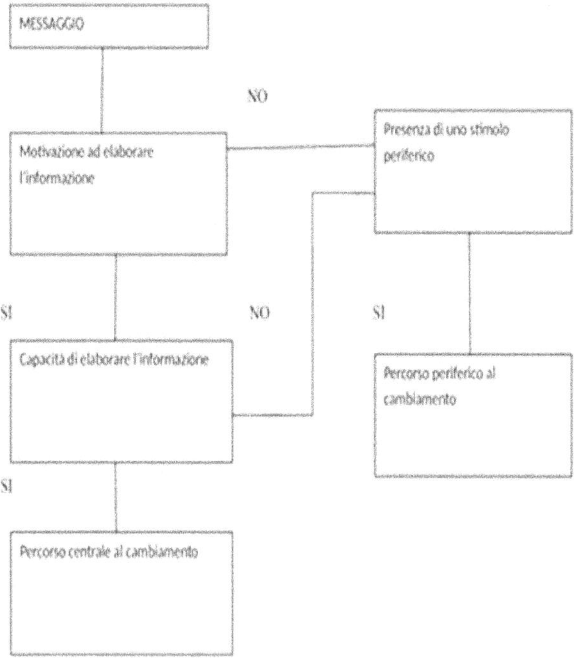

2.3 La marca

El sujeto empieza a aprender después de la exposición y la elaboración. Sobre el aprendizaje actúan la comunicación, las políticas de mercadotecnia mezcla, la industria cultural y la subjetividad individual.

El conocimiento de la marca es la base del aprendizaje.

Hay muchos niveles que pueden medir el riconoscibilità de una marca por la comunicación.

La medida más selectiva de tales niveles es el Brand Saliency: si y cuánto una marca super los competidores en ocurrirse al consumidor.

El conjunto de las citas de una marca constituye el recuerdo espontáneo o unaided recall.

Si el recuerdo de la marca ocurre gracias a un estímulo se tiene el recuerdo ayudado o aided recall.

El recuerdo espontáneo y el recuerdo ayudado constituyen el conocimiento total de la marca o global brand awareness.

Más alto es el recuerdo espontáneo mejor es el posicionamiento de la marca en la mente del consumidor.

Hay el reconocimiento que obra entre el recuerdo y el conocimiento total, concierne los colores, las formas, las confecciones.

Luego el reconocimiento es sobre todo importante por los bienes de ancho consumo y el recuerdo por las solicitudes específicas.

Por el aprendizaje es importante también la fuerza de marca, la percepción que el consumidor tiene que la marca no es sólo un conjunto de promesas creíbles.

Para medir la fuerza de marca hace falta considerar:

-	**Identidad de marca o brand identity**: tal concepto ha sido ilustrado por el modelo del Kapferer, un prisma representativo de las caras de una marca: lugar físico, ej. campo en el Molino Blanco, personalidad, ej. simpática o serena, universo cultural, ej. cultura del deporte serio, una relación entre personas, ej. Haga trampas ella y familia, un reflejo (imagen del consumidor ideal) ej. jóvenes y rico por los los coches deportivos, una representación mental, una relación entre el consumidor y él mismo, adquiriendo un coche deportivo el consumidor puede creer tenerla ralea, de ser subido de status, etc;

-	**Imagen de marca o brand image**: es influenciada por el brand identity y del brand positioning (posición de la marca sobre el mercado). También es influenciada de las características propias de una marca y de la mercadotecnia mezcla.

Los factores de imagen de una marca son la potencialidad de una marca, es medida de cuánta la marca se pone como diferente de las otras y cuánta tal diversidad es relevante para los consumidores y la estatura de una marca, es medida de la consideración y del grado de familiaridad que los consumidores le reconocen.

Las promesas de marca tienen que ser diferentes, relevantes, familiares y de calidad.

El consolidarse de tales factores construye en el público el brand image. Según el modelo de Aaker el brand image es formado por el conocimiento del nombre, de la calidad percibida y de las asociaciones de marca, lo que la marca vuelve a llamar en la mente del consumidor;

-	**Valor de marca o brand equity**: es constituida por el brand image, del brand loyalty (fidelidad a la marca de parte de los consumidores) y de todo lo que la marca posee (patentes, competencias, etcétera), representa el patrimonio más rico de la empresa incidiendo en el valor financiero. Indica calidad, garantía y seguridad.

La construcción de una marca brand, ocurre en cinco fases:

-	**Autoanálisis:** la marca define la misma identidad, brand identity. En esta fase se desarrolla el brand mission, misión, creo;

-   **Decisión estratégica**: la marca se posiciona sobre el mercado, brand positioning, individuación de un territorio y el target.

Una consecuencia del brand positioning es el brand portfolio, junto de productos y marcas de una empresa.

El brand positioning permite de comunicar a dos niveles: por un brand extension o stretching, serán donde las bajo-marcas y los muchos productos a comunicar, y por la comunicación integrada, serán las promociones y las campañas publicitarias a comunicar.

En la gestión de la marca o el product/servicio iquecida por la comunicación de las bajo- marcas en términos de credibilidad, diversidad y confianza, por ejemplo la hace trampas ella, emiliane, espaguetis, etcétera; muchos prodotti/marche y una marca paraguas, los muchas marcas son casi totalmente autónomas y también su comunicación será autónoma, por ejemplo Paveses, se piensan en la publicidad ringo, pavesini etcétera.

En esta fase se desarrolla el brand essence, valor, esencia;

-   **Comportamiento**: la marca comunica lo propio sernos utilizando los elementos de la mercadotecnia mezcla, brand copy strategy.

En esta fase se desarrolla el brand character, personalidad, carácter;

-   **Medición a corto plazo**: averigua sobre los efectos que la marca ha producido, verificación sobre el brand image, como es percibida la marca en términos de diversidad, relevancia, consideración, familiaridad.

En esta fase se desarrolla el brand arena, territorio);

-   **Medición a medio/lungo término**: se averigua el brand equity.

En esta fase se desarrolla el brand prometió (promesa de marca).

Tradicionalmente el performance de una marca es valorado utilizando una serie de indicadores: conocimiento espontáneo; conocimiento solicitado; índices de satisfacción, consumo declarado; intención de adquisición.

Para medir el valor de marca, brand equity, el Young & Rubicam ha desarrollado un instrumento de medición llamado BAV (Brand Asset Valuator).

Tal instrumento también es útil para vadear como hipótesis sobre nace, crece y decae el valor de marca recurriendo al brand genetics que considera la marca como un organismo viviente en un contexto individualizado, caracterizado por las asillamadas "marcas" a alta definición caracterizada por la autenticidad.

Con base en el brand genetics hace falta ante todo distinguir al antepasado de una determinada especie de marca, por ejemplo por la especie Herraré al antepasado es la Nocilla, se localizan luego las especies engendradas en el espacio y en el tiempo.

Para administrar la población de la especie marca es necesaria una correcta definición genética de la marca sin omitir la identidad de marca cuya pérdida causaría la extinción de la entera especie de una determinada marca. del perfil genético de una marca hacen parte:

- El antepasado;

- El plumaje: formado del producto más representativo de la marca y de sus elementos llave de identificación, por ejemplo la Coca Colla y su botella de vidrio;

- *Domain: territorio;*

- *Personalidad y lenguaje;*

- *Esencia: el código genético, por ejemplo la naturaleza por el molino blanco.*

Los genotipos de una marca son sus carácteres dominantes, los fenotipos soni los carácteres momentáneos.

Para modificar el perfil genético de una marca hace falta actuar sobre los genotipos y devolver un carácter dominante sobre los otros.

El estado de salud de una marca es en cambio su capacidad de dominar un territorio mientras el auxologia de una marca concierne su crecimiento físico.

Se pueden distinguir tres momentos:

- **Reconocimiento:** la marca adquiere notoriedad y ocupa un territorio;

- **Aprobación**: las características de la marca corresponden a las esperas del público;

- **Adhesión**: la marca se transforma en símbolo y la identificación está completa.

Estos niveles pueden ser descritos utilizando un gráfico.

En abscisa habrá el conocimiento espontáneo y en ordenada el conocimiento total.

Las marcas serán puestas en el espacio:

- **1º estadio**: concierne las marcas nacientes que se convertirán en competitors y por un período de tiempo quedarán de nicho, conocimiento total en crecimiento y conocimiento espontáneo bajo;

- **2° estadio**: concierne las marcas competitors.
Una nueva marca se convertirá en competitors cuando su conocimiento espontáneo supere el 20%, estadio de la madurez;

- **3° estadio**: concierne las marcas dominantes con el 100% de conocimiento total y conocimiento espontáneo elevado.

Las marcas compiten entre ellos y tal competición lleva a la victoria tres de ellas, en media tres es el número de marcas memorizzabile de las personas. La marca dominante puede ser empujada por los competitors en el asillamado "cementerio", un estadio caracterizado por conocimiento espontáneo menguante y elevado conocimiento total.

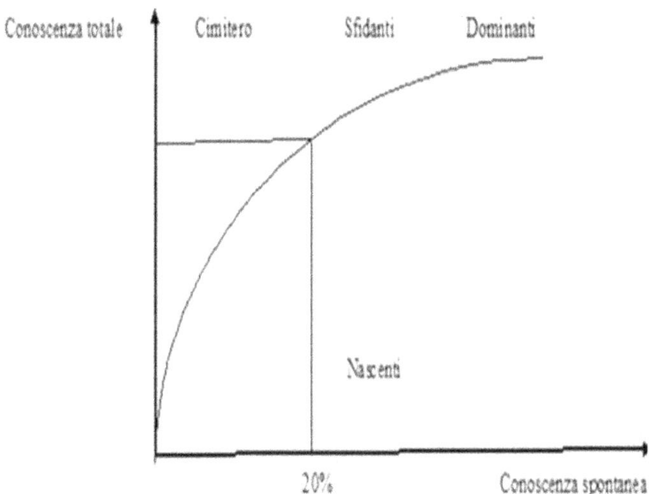

Del modelo BAV es emergido que la construcción de una marca de éxito pasa por una tramitación de percepción del consumidor:

- **Diversidad**: distingue una marca de las otras.
Una marca se impone en un primer momento por su diversidad, luego crece dentro de las otras dimensiones perceptivas (relevancia) consideración, familiaridad.
Con base en la diversidad las marcas se distinguen en up and coming brands, elevado nivel de diversidad y marcas maduras, bajo nivel de

diversidad;

- **Relevancia**: es la adaptabilidad de la marca a las exigencias del consumidor;

- **Consideración**: es la consideración de la marca de parte de los consumidores;

- **Familiaridad**: la marca es percibida como parte integrante del propio entorno.

De también considerar la vitalidad o diversidad relevante, brand strength, de una marca, que concierne la combinación de diversidad y relevancia y representa el potencial de crecimiento y la estatura de una marca, brand estaturas, que concierne la combinación de consideración y familiaridad. Representa el tamaño de una marca, las marcas con consideración superior a la familiaridad son percibidas como de alta calidad mientras las marcas con familiaridad superior a la consideración son percibidas de baja calidad. Tales tamaños pueden ser analizáis por el Power Grid dónde se cruzan la vitalidad, correo en ordenada y la estatura, correo en abscisas.
En el cuadrante lideratos hay marcas con elevados niveles de diversidad, consideración, relevancia y familiaridad.
En el cuadrante new/unfocused hay las nuevas marcas o marcas ya existentes que arriban en un nuevo mercado.
En el cuadrante emerging potential hay marcas con potencial de crecimiento y marcas de nicho.
En el cuadrante eroding potential hay marcas maduras que podrían presentar señales de cansacio.

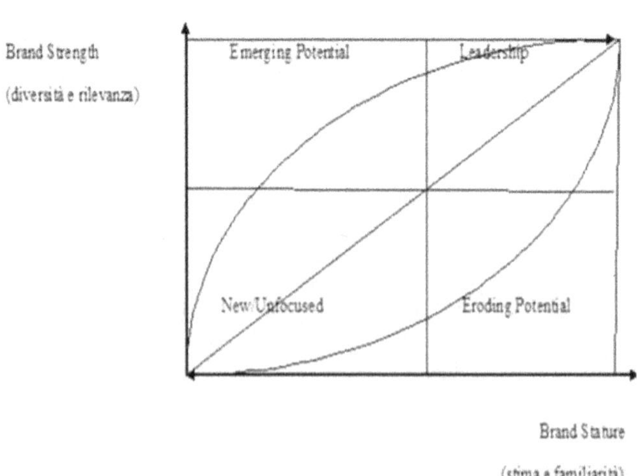

3

LAS ESTRATEGIAS Y LA CREACIÓN DE LOS MENSAJES

Para conseguir una ventaja competitiva la empresa tiene que elaborar una estrategia, un posicionamiento estratégico que la conduzca a efectuar actividades diferentes de los competidores o actividades parecidas ejecutadas de modo diferente y la publicidad tiene que comunicar de la mejor manera tal posicionamiento.

La empresa puede elegir de ofrecerles a los consumidores prodotti/servizi diferentes de los competitors, mayor especialización y plenitud o bien elegir de satisfacer necesidades particulares o todavía seleccionar determinados segmentos de público.

En este sentido la publicidad tiene que construir una marca, la percepción del conjunto de las promesas atadas al posicionamiento estratégico empresarial. Está en esta fase que la agencia publicitaria creará a su vez una misma estrategia en línea con el plan de mercadotecnia empresarial.

3.1 La estrategia publicitaria

Una estrategia publicitaria puede ser construida en diez pasos:

-       **Análisis de los objetivos de mercadotecnia**: la mercadotecnia puede asignar diferentes objetivos a la publicidad que pueden concernir el precio, los costes, las ventas;

-       **Análisis situacional**: concierne la marca, los consumidores, la competencia y el mercado.
Los instrumentos utilizados son: análisis de la relación consumatori/prodotto, se utiliza búsquedas de base, experta, observación

directa en general vuelta dentro de laboratorios de observación dónde los psicólogos analizan el comportamiento de los consumidores por coloquios, espejos y grabaciones audio/video; análisis de la competencia, define el mercado de la marca concurrente, su target, elementos estratégicos y ejecutivos como el único beneficio, el único target, la forma etcétera, elaboración del target, características de los medios de comunicación,; mapas perceptivos, síntesis visual de como una marca es percibida en comparación a los competidores.

La mapa es construida utilizando los ases cartesianos, que forman la arena perceptiva, sobre la base de las informaciones recogidas durante el análisis de la relación consumatore/prodotto y el análisis de la competencia.

Sobre las ordenadas deberán ser puestas las motivaciones y sobre las abscisas los valores unidos a la imagen de marca, ser- morales y tener- materialísticos.

Las marcas irán a ocupar espacios definidos y dejarán comprender cuáles áreas están disponibles para el posicionamiento; análisis swot (fuerza) debilidad, oportunidad, amenazas; tal análisis concierne el consumidor y el mercado y distingue dos fases: análisis del entorno externo utilizado para localizar amenazas y oportunidad y el análisis del mercado interior utilizados para localizar por fuerza los puntos y debilidad de la marca.

Las amenazas son distinguidas con base en la gravedad, alta o baja y a su probabilidad de accadimento, alta o baja.

Las oportunidades son distinguidas en base al attrattività y a probabilidad de éxito.

El análisis de los puntos por fuerza y debilidad ocurre con una valoración de la prestación de la marca en un determinado mercado, si la valoración es por fuerza alta los puntos serán muchos, si la valoración es baja los puntos de debilidad serán muchos;

- **Definición del target**: es el conjunto de sujetos a que es dirigida la comunicación publicitaria.

Hace falta definir el comportamiento, costumbres, percepciones y alambiques de vida.

El target de una acción comunicativa pueden ser todos los que son implicados en el proceso de adquisición del consumidor, influyente, decisorios, compradores, explotadores.

Los influyentes son como los prescrittori los médicos, los consejeros como los artesanos, los distribuidores, los opinion líderes como las estrellas, la familia.

El target final es provisto por una combinación de tres variables, conductuales de consumo, sociodemografica, psicográfica.

Con base en la variable conductual de consumo el target puede ser les distinguido en consumidores, no consumidores, consumidores fieles a la marca, consumidores bailarín de la marca, consumidores bailarín de la competencia.

Con base en el variable sociodemografica el target se distingue con base en la edad, al sexo, a los miembros de la familia, al ciclo de vida de la familia, a la renta, ocupación, instrucción, religión, nacionalidad, área geográfica, amplitud de los centros de las ciudades, tipología del área, si rural, urbanas o suburbana.

Las variables psicográficas conciernen en cambio la personalidad del consumidor que puede influenciar su comportamiento de consumo. Se analizan las características, valores, comportamientos, alambiques de vida, universo femenino, universo masculino, el área juvenil, el área elitista, el área anciana.

Tales investigaciones son desarrolladas por institutos de búsqueda;

- **Definición de la acción**: la acción deseada llevará a integraciones entre promociones, publicidad, below the line etcétera;

- **Definición de los objetivos publicitarios**: pueden ser: estímulo de la pregunta primaria; crecimiento del brand awareness; mejoría de la imagen de marca (haciendo como palanca sobre elementos sofi la simpatía) haciendo palanca sobre elementos hard o concretos como relato qualità/prezzo y las características del producto, haciendo palanca sobre ambos los elementos hard y sofi,; aumento de las intenciones de adquisición, por los productos a baja implicación la intención de adquisición aumenta progresivamente, por los productos a alta implicación la intención de adquisición sal lentamente y necesitan garantías y convicciones; Garantías: la publicidad tiene que alentar como por ejemplo de algunos problemas la distribución incompleta, el precio alto, confecciones diferentes, el producto puede ser confundido con otros y la publicidad tiene que proveer explicaciones;

\- **Definición del posicionamiento de marca**: hace falta entregué las siguientes preguntas:

¿Qué es el producto de la marca?; ¿Por quién es?; ¿Qué ofrece?

El posicionamiento de la marca implica tres elecciones estratégicas:

a, El territorio: hace falta definir como se quiere que el target perciba la naturaleza del producto, hay tres posibilidades: definir el producto en una nueva categoría, por ejemplo del vino al drink; definir el producto al centro de la categoría eligiendo los significados centrales de aquella categoría, aquellos más importantes por el target, por ejemplo la finca de cocción de la pasta; definir el producto a los límites de la categoría, por diferencia, por ejemplo al centro de la categoría yogur hay el bienestar, a los límites la salud o gustar (posicionamientos diferenciales);

b, grupo de referencia: hace falta por ejemplo posicionarse sobre un grupo de consumidores de referencia a jóvenes cosmopolitas por Benetton;

c, El beneficio: la marca después de haber elegido territorio y grupo de referencia se posiciona sobre un beneficio que le ofrece al consumidor, contraprestación.

El proceso de individuación de la contraprestación ideal pasa por tres fases:

1, análisis de todas las posibilidades (laddering) que llevan el consumidor a la elección, concierne el producto, la marca y el target. En referencia al producto se analizan características, fisicità, función. De la marca se analizan las contraprestaciones objetivas y subjetivas, racionalidad y emozionalità. Del target se analizan los valores y el sentido de la marca por el target.

2, elección de la secuencia ideal de los motivos, característico producto o marca. la línea de seguir será determinada por el análisis situacional en cuánto hace falta haber identificado cosa es relevante para el consumidor, cosa es más libre de la competencia, cosa está en línea con la imagen de marca, cosa está en línea con los objetivos de mercadotecnia y sucesivamente localizar la secuencia de las características más conformes al target selecto.

3, elección del punto de palanca: se focaliza sobre uno o pocos elementos de comunicar. Se hará palanca sobre las características o sobre los valores o sobre ambos, eso dependerá del posicionamiento, de producto, racionalidad y función, de valores e immagine, (emozionalità o ambos. Por ejemplo: quita sobre las características: "tu gato quiere el gusto, he aquí una comida tierna y carnosa"; palanca sobre los valores: tu gato es tu amigo, te quiere; palanca sobre valores y características: "cuando tu gato come mejor es feliz y cariñoso.

PRODOTTO	CARATTERISTICHE	FISICITA' E FUNZIONALITA'	Cosa è e cosa fa?
MARCA	BENEFIT OGGETTIVI	RAZIONALITA'	Cosa vuole il consumatore? La marca lo offre?
MARCA	BENEFIT SOGGETTIVI	EMOTIVITA'	Cosa sente il consumatore? La marca lo suscita?
TARGET	VALORI	Cosa significa la marca per il target?	

- **El plan integrado de comunicación**: preve el empleo de la publicidad clásica y las promociones.

Los ámbitos de intervención de la publicidad y las promociones conciernen el ciclo de vida de un producto, crecimiento, madurez y decadencia y las modalidades que la marca tiene en el entregué respecto al mercado, vital, innovativas, imitadora de la competencia o yo rrenza o yo too.

Durante la fase de crecimiento, también comprende introducción y lanzamiento, la marca se hace conocer por la publicidad clásica, que forma opiniones e imágenes y las promociones, empujan a un acto preparatorio a la adquisición. Si la marca se presenta como innovativa y diferente necesitará mucha publicidad, si se presenta como yo too necesitará de más promociones. En la fase de madurez se utilizará la publicidad para los consumidores fieles a la marca y las promociones para los infieles.

En el momento de la decadencia se utilizarán exclusivamente las promociones como sostén a las ventas.

Si se considera el relance se utilizarán de nuevo de manera combinado publicidad y promociones;

- **Copy strategy o long term brand copy strategy o estrategia creativa**: es la síntesis de todos los puntos de la estrategia publicitaria, tiene la tarea de identificar los elementos que constituyen la base sobre la que los consumidores elegirán la marca prefiriéndola a las otras. Concierne la comunicación total, p.r., promociones, packaging, publicidad clásica, promociones, etcétera y es decidida de común acuerdo de la empresa y de la agencia publicitaria y nace del prodotto/servizio y de las necesidades que puede satisfacer. Sus elementos son: Beneficio (promessa/e): que se elige dentro de los beneficios objetivos y subjetivos; Reason why o argumentación de prueba: todas las características que hacen creíble y exclusiva la promesa, Brand character o carácter de marca: la personalidad de la marca. Durante la redacción de un copy strategy hace falta seguir de los principios generales que conciernen sus contenidos y su estilo: ¿Claridad, tiene que el motivo de la elección de parte del consumidor estar claro, sencillez, una idea simple para convencer, falta de indicaciones ejecutivas, el copy strategy define qué decir, el como decir corresponde a los creativos, competitividad, por qué elegir la marca y no un otro?;

- **Promoción strategy**: la promoción concierne los comportamientos de muchos target que influencian el proceso de adquisición, detallista, mayorista, comerciante, buyer de cadenas, cometido, representante, comprador. El flujo del fomento strategy es compuesto de: 1, análisis: a, mapa de acción, análisis del con quién, de quién, dónde, como, cuando,; b, pica de palanca (elección del punto de mayor impacto por la acción deseada); 2, estrategia: a, elección del target; b, Decisión de cuál acción el target tiene que cumplir;

- **Copy brief**: se ocupa de coordinar una campaña publicitaria, junto al copy strategy es el documento más importante del campo. Simplifica o desenvuelve e incorpora los contenidos del copy strategy, aclara la tarea creativa. El sobre estructura se compone en el siguiente modo:

a, Descripción del proyecto (tarea asignada a los creativos);

b, Descripción del target, con las variables más discriminante por la tarea específica;

c, Copy strategy, es la reanudación de las tres coordenadas, contraprestación, reason why, brand character;

d, Contexto competitivo (descripción del posicionamiento de las marcas concurrentes) mapas perceptivos, análisis de la competencia y el source of business de la marca, de quién quiere ganar una cuota de mercado; y

e, Distintività, son aclarados los elementos del copy strategy diferentes por la competencia, en caso de elementos parecidos serán enfatizados otros elementos de la ejecución publicitaria como el empleo de testimonial, lenguaje, etcétera;

f, Acción deseada: descripción de la acción;

g, Obligaciones y sugerencias ejecutivas: conciernen la coherencia. En el caso de productos ya existentes y anunciados la coherencia puede concernir el key visual, las imágenes llave, por ejemplo el bastoncito de pan por el atún, cuña (músicas), personajes, etcétera;

h, Consumer insight: son observaciones que conciernen el consumidor y su relación con el producido, pueden ser una opinión, un hecho, una creencia del público, etcétera

Los cuatro elementos llave del copy brief son la promesa, el consumer insight, el selling idea, y el telling idea.

Para poder juzgar una campaña publicitaria hace falta considerar tres niveles:

a)		**Relevancia**: el campo tiene que tener correspondencias con la estrategia;

b)		**Idea**: tiene que estar presente una idea fuerte;

c)		**Ejecución**: la ejecución publicitaria debe essre creíble, original y espectacular.

## 3.2	La estrategia de comunicación

El 1964 fue el año que sancionó el nacimiento de un format para comunicar la publicidad, el Unilever Plan for Good Advertising (UPGA).
Este documento encierra sea la definición de la buena publicidad sea el procedimiento para realizar una comunicación eficaz.
La buena publicidad "es la que le determina en el consumidor la preferencia por una marca, lo convence a probarla y a seguir a usándola."
Ante todo la empresa tiene que preparar una mercadotecnia strategy a que hará seguido un copy strategy realizado por la agencia publicitaria que tendrá que ser aprobada por la empresa.

El copy strategy Unilever es compuesto por tres elementos:

Selected basic consumer contraprestación: es el argumento utilizado para convencer al consumidor a utilizar la marca;

Support evidence: es el reason why, la demostración que hace creíble la promesa de las ventajas ofrecida por el prodotto/servizio;

Desire brand image: es la descripción de la personalidad de la marca, como el consumidor la percibe.

En general la publicidad tiene que ofrecerle al consumidor un solista beneficio que tiene que empujar a la adquisición a los consumidores y tiene que derivar de los hechos inherentes el prodotto/servizio.
Muchas agencias publicitarias tienen procedimientos de trabajo diferente, por ejemplo el format del Procter & Gamble considera el consumer contraprestación, el reason why y el brand character.
El J.W. Thompson ha elaborado el T-Plan (Target Plan) que comprende la definición del target group y la descripción de las sensaciones y reacciones que el target group tendrá que tener de frente a un mensaje publicitario.
El copy strategy JWT toma en consideración la principal característica de la marca, repetida en el mensaje publicitario y la descripción de las reacciones racionales y emotivas del target group.
El procedimiento del Young & Rubicam es definido Creativos Work Plan y se desarrolla en nueve puntos:

-        **Key basic**: el elemento que inspira la comunicación. Tal elemento puede concernir en general el producto, la competencia, el mercado o el contexto;

-        **Consumer barrier**: lo que para la adquisición;

-        **Creativos objective**: lo que hace falta hacer para superar las resistencias a la adquisición;

-        **Principal competition**: el segmento de mercado que interesa en la marca;

-        **Summary of project people**: el target group;

- **Key consumer insight**: observaciones sobre el consumidor y sobre la relación consumatore/prodotto;

- **Consumer contraprestación**: beneficio para el consumidor;

- **Reason why**: el elemento que hace creíble la promesa, la ventaja prometida con respecto de las otras marcas;

- **Mandatories**: obligas a cuyo la comunicación tiene que someterse (normas, vínculos verbales o gráficos, etcétera).

La estrategia de comunicación define las elecciones fundamentales de la comunicación, colega tales elecciones a la estrategia de mercadotecnia, por tales razones en la estrategia de comunicación tendrán que ser definidos:

Objetivos: los resultados de alcanzar con la comunicación;

Target group: los destinatarios de la comunicación;

Competencia: individuación de los competidores y como competir;

Vínculos: pueden ser externos, por ejemplo reglamentos vinculantes por determinados medios de comunicación, e interiores, atados a la política empresarial);

Estrategia creativa: tono de la comunicación, razones a soporte, prometido, etcétera;

Estrategia de los medios: elección de los medios de comunicación y cronoprogramma;

Presupuesto: inversión en la publicidad;

Período: largo temporal de la intervención.

Las decisiones y las actividades de tomar y emprender en la definición y en la realización de una estrategia de comunicación conciernen:

- Análisis estratégico de mercadotecnia y contexto competitivo;

- Análisis mercadotecnia mezcla;

-        Análisis del papel de la comunicación dentro de la estrategia de mercadotecnia;

-        Definición de la mezcla de comunicación;

-        Objetivos publicitario:

-        Target group;

-        Estrategia de los medios de comunicación;

-        Presupuesto;

-        Despacio de campo;

-        Ejecución;

-        Control;

-        Modificaciones.

En esta lista la estrategia creativa concierne el target group, la estrategia de los medios de comunicación y el presupuesto.

Las estrategias de comunicación, como dice en precedencia, derivan de las estrategias de mercadotecnia.

Pueden ser definís en estrategias competitivas, estrategias de desarrollo de la pregunta global, extensiva e intensiva, estrategias de fidelizzazione.

Las estrategias competitivas son finalizadas a conseguir una ventaja contra los competitors y se distinguen en:

-        **Estrategias comparativas**: se enfrenta directamente con la competencia para demostrar la misma superioridad sobre determinadas ventajas;

-        **Estrategias financieras**: el presupuesto es el elemento fundamental y el objetivo es estar presentes en la mente de los consumidores más de la competencia;

-        **Estrategias de posicionamiento**: tienen el objetivo de dar al marca/prodotto una posición precisa en la mente del consumidor respecto a la competencia;

- **Estrategias publicitarias promocionales**: agresivas y tratan de conseguir resultados inmediatos ofreciendo ventajas de breve duración. Pueden ser push, empujan el producto hacia el consumidor y pull, atraen al consumidor hacia el producto;

- **Estrategias de imitación**: imitan los competitors apostando a los mismos target, media y comunicación.

Las estrategias de desarrollo son finalizadas a aumentar la pregunta global en dos modos:

a, creando a nuevos consumidores (estrategias extensivas);

b, modificar el comportamiento de los actuales consumidores (estrategias intensivas).

Las estrategias extensivas se distinguen en:

- **Estrategias extensivas en los mercados de desarrollo**: hace falta favorecer el curso de la pregunta, la publicidad tiene que favorecer el conocimiento del producto;

- **Estrategias extensivas en los mercados estáticos**: la pregunta no aumenta espontáneamente y la tarea de la publicidad es justo aquel de hacer aumentar la pregunta.

Las estrategias intensivas utilizan instrumentos publicitarios y promocionales pero soy de difícil realización en cuanto aspiran a cambiar las costumbres de adquisición.

Las estrategias de fidelizzazione tienen a la base lo contratada que "la fidelidad a un producto depende de la satisfacción del consumidor." Se dividen en:

- **Estrategias de mantenimiento**: la publicidad tiene que mantener alto el grado de notoriedad del marca/prodotto/servizio;

- **Estrategias de actualización y riposizionamento**: la publicidad desarrolla un papel importante en mantener jóvenes las marcas.

Al interior de las estrategias de comunicación podemos contar, aunque con alguno esfuerzo, la publicidad institucional.

Tal forma de publicidad no concierne el producto, la marca o un servicio pero concierne la empresa, se piensas en la publicidad italiana "Mediaset sobre Mediaset".

Es finalizada a sustentar la empresa y los principales objetivos son:

-        Favorecer la inserción de la empresa en su entorno;

-        Desarrollar un immagine/garanzia;

-        Valorizar la imagen empresarial respecto a los dependientes y de los consumidores;

-        Distinguirse de la competencia, por ejemplo el mensaje Mediaset que llega al público es el partidario "Nosotros ofrecemos de gratis todos este servicios mientras nuestro principal competitors, el Rai, los ofrece a pago por el canon".

3.3   Análisis FDOM (SWOT) y análisis de las estrategias de mercadotecnia

Para poder definir la estrategia de comunicación hace falta analizar el contexto competitivo en cuyo obra la empresa.

El punto de salida del análisis FDOM es el entorno de mercadotecnia, junto de las fuerzas con que se relaciona la empresa para desarrollar sus actividades.

El entorno de mercadotecnia es subdividido en:

-        **Macroambiente**: junto de fuerzas y tendencias no controlables en las que se determinan amenazas y oportunidad por la empresa. Es constituido por el entorno demográfico, del entorno físico, del entorno tecnológico, del entorno político e institucional, del entorno económico y de aquel sociocultural;

-        **Microambiente**: junto de los que obran en el mercado de interés de la empresa, proveedores, intermediarios, competitors, público y clientes.

El objetivo del análisis FDOM o SWOT, son localizar amenazas y oportunidad que pueden manar del entorno y por lo tanto definir el nivel de probabilidad con cuyo tales acontecimientos pueden manifestarse y el impacto, positivo o negativo, que pueden tener sobre la empresa.

Los resultados son resumidos sobre un gráfico, en abscisa el nivel de probabilidad y en ordenada el nivel de impacto.

Los acontecimientos situado en el cuadrante 3 no necesita acciones.

Por los acontecimientos dentro de los cuadrantes 3 y 4 se deberá monitorare la situación y por los acontecimientos situado en el cuadrante 2 se tendrá que actuar.

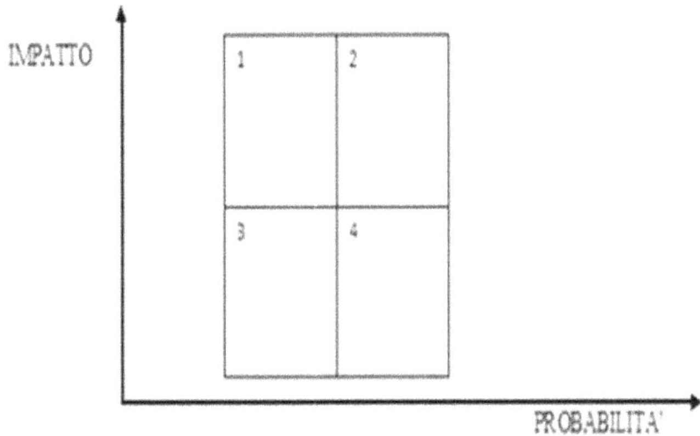

Se tendrá que después valorar la capacidad competitiva de la empresa, pican por fuerza y debilidad, en relación a los niveles de performance de los competitors sobre determinados factores y con base en la importancia que el cliente atribuye a tales factores.

Los resultados son reconducidos en un gráfico, en abscisa será indicado el nivel de performance y en ordenada el nivel de importancia. para los factores situado en los cuadrantes 2 y 3 no es necesarias acciones.

Para los factores dentro del cuadrante 1 es necesaria alguna iniciativa fattori importantes y performance bajo.

Para los factores dentro del cuadrante 4 hace falta una política de desinversión.

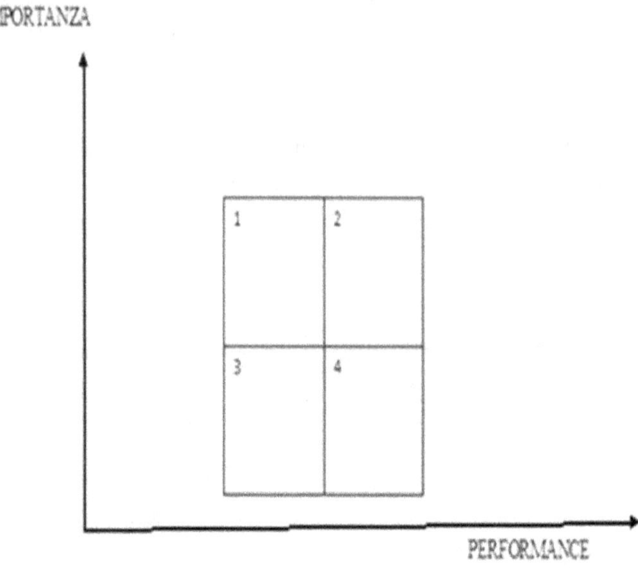

Por el análisis de las estrategias de mercadotecnia se puede usar el modelo CVP (Ciclo de Vida del Producto).
Tal modelo se basa en el curso de las ventas en el tiempo y describe el paso del producto por cuatro estadios:

-	**Introducción**: es la fase de lanzamiento del producto y corresponde a un período de lento crecimiento. La publicidad tiene que hacer conocer el producto;

-	**Desarrollo**: el producto es ofrecido a precios competitivos e inician las diferenciaciones. La publicidad tiene que hacer aumentar la notoriedad;

-	**Madurez**: el producto se ha difundido en el mercado. La publicidad tiene que subrayar las diferencias y las ventajas;

-	**Decadencia**: en esta fase la pregunta se contrae, los cursos están en rebaja y el producto será eliminado por el mercado. La publicidad debe ser reducida junto a los costes fijos.

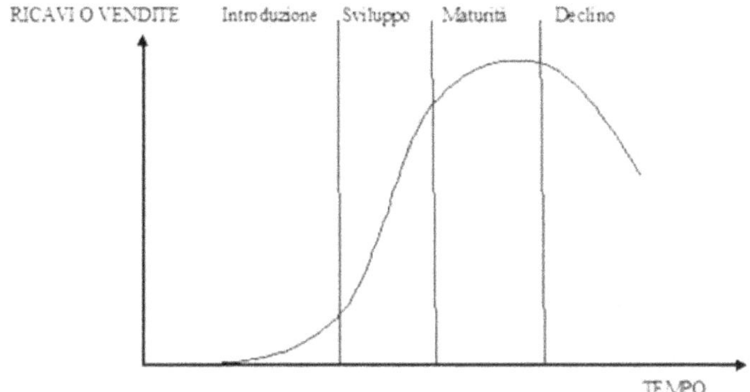

3.4   La definición del budget

Los principales métodos para definir el budget son:

-       **Porcentaje sobre las ventas**: el budget es establecido como% sobre las ventas;

-       **Actualización del presupuesto pasado**: el budget es establecido por una asignación de recursos par al del año pasado;

-       **Determinación con base en los objetivos**: el budjet es establecido con base en los objetivos publicitarios y con base en los instrumentos comunicativos por utilizar;

-       **En función de los competitors**: el budjet es establecido con base en aquel establecido por la competencia.

3.5   La creación de los mensajes

Los mensajes publicitarios pueden ser distinguidos en:

-       **Hard selling**: es un mensaje racional, informativo, enfatiza contraprestación y reason why;

- **Soft selling**: es un mensaje emocional, basado sobre los sentimientos, valores morales, etcétera, enfatiza el brand character. Son utilizados sonidos e imágenes evocadoras de emociones. Las emociones pueden ser unís a argumentaciones racionales. Estos mensajes de un lado bajan las defensas del consumidor facilitando la elaboración, el aprendizaje, la implicación, el recuerdo y la acción pero de lo otro pueden distraer el consumidor del fulcro de la comunicación. En estos mensajes también regresan los que utilizan testimonial o endorser.

Los hard selling representan los aproches racionales mientras los sofi selling representan los aproches emocionales. Los aproches racionales se subdividen en:

- **Argumentación a soporte**: el mensaje tiene que subrayar los aspectos positivos de la marca para el consumidor;

- **Argumentación comparativa**: el mensaje confronta la marca con un estándar de los competitors. El estándar de comparación puede ser implícito, el competitor no es nombrado pero allí alude, o explícito, el competitor es nombrado. La comparación puede ser verbal o visual y sustenta una superioridad parcial o total.

- **Argumentación bilateral (two-sided)**: en el mensaje son expuestos argumentos a favor y a algunos argumentos menores desfavorables, el objetivo es aumentar la credibilidad;

- **Argumentación abierta (open-end)**: son mensajes en que se deja libre el público de llevar las mismas conclusiones;

- **Argumentación vacuno**: son mensajes que construyen en el tiempo contra argumentaciones para el consumidor contra el discurso de un competitor;

- **Argumentaciones a confutación directa**: son mensajes que vuelven a llamar las argumentaciones de los competitors por luego confutarla;

- **Argumentación marco**: son mensajes de la propaganda política, por ejemplo son utilizadas afirmaciones, citas, datos de un candidato, fuera de su contexto original y utilizáis para perjudicarlo.

En los aproches emocionales pueden ser usados el drama, el humor, la comicidad, la ironía, la música, ayuda a recordar la publicidad y puede dar sentido a la marca, la ansiedad, la irritación, los sentimientos nobles (orgullo) ánimo, altruismo, el calor afectivo, los testimoniales, endorser o garantes, pueden ser celebridad, personajes falsos, expertos, presentadores, desconocidos. Las razones que empujan a utilizar a los testimoniales son tres: traslado de sentido simbólico sobre la marca y sobre el consumidor; credibilidad del testimonial; attrattività del testimonial.

Dos teorías pueden explicar el empleo de los testimoniales:

-        **Teoría de la consistencia**: el individuo busca coherencia entre las opiniones que tiene respecto a un objeto. Si a una marca de que se tiene una opinión negativa es asociada una celebridad de que se tiene una opinión positiva se crea una tensión para solucionar la disonancia cognitiva, vencerá la actitud más fuerte que llevará a redefinir la marca o la celebridad;

-        **Teoría de la diversión**: el testimonial distrae como al consumidor que reacciona con de los contra argumentaciones nulas o menores de habría hecho en una situación normal, disminuyen las resistencias del individuo.

Las modalidades de asociación testimonial/marca son:

-        *Imperativo: "usadas esta marca";*

-        *Explícito: "aconsejo esta marca";*

-        *Implícito: "uso esta marca";*

-        *Pasivo: simple acercamiento entre testimonial y marca.*

Los aproches y los alambiques creativos serán seleccionados con base en la estrategia de comunicación.

3.6   La comunicación social

Los sujetos que se ocupan de comunicación social son el Estado, el mundo del associazionismo, las empresas privadas.

El objetivo de la comunicación social es hacer actuales de las problemáticas sociales, morales, culturales y valoriali llevándolas a la atención del público. Este proceso es definido "problematizzazione del obvio periódico" y eso ocurre por la publicidad social o public service advertising, junto de mensajes que, utilizando técnicas y métodos de la comunicación comercial, persiguen objetivos de utilidad social, mientras el advocacy service advertising versa sobre temas controvertidos, sobre los que no hay un consentimiento unánime.

La publicidad social es utilizada para educar la opinión pública.

Con base en el "código" de autodisciplina publicitaria los mensajes de publicidad social tienen que reconducir la identidad del autor, la identidad de los beneficiarios y el objetivo social que alcanzar y no pueden explotar la miseria humana y culpabilizar quién no adhiere.

4

LA VERIFICACIÓN DE LA EFICACIA, LA PLANIFICACIÓN DE LOS MEDIOS DE COMUNICACIÓN Y LA PUBLICIDAD GLOBAL

La eficacia de una campaña publicitaria puede ser sólo valorada con base en la "propensión" a la adquisición que logra suscitar.

No puede ser utilizado la adquisición en cuánto en tal tipo de acción intervienen muchos factores extraños a la publicidad.

Sobre el plan de la propensión a la adquisición los objetivos de la publicidad son:

-	Hacer emerger una motivación de adquisición;

-	Crear notoriedad por el marca/prodotto/servizio;

-	Suscitar una actitud favorable hacia el marca/prodotto/servizio;

-	Estimular la adquisición;

las dimensiones que constituyen un indicador para medir la eficacia de la publicidad son la atención, la credibilidad, la comprensión, el interés, la implicación, la unicidad y la información.

El aproche mejor para valorar la eficacia tiene que ser sistémico, concierne la verificación de todas las fases del proceso comunicativo de la publicidad, e integrado, comprende instrumentos de búsqueda diferente, basados sobre búsquedas sobre el campo por entrevistas a los consumidores, pero en la práctica, considerados los costes elevados de tal aproche, se prefiere averiguar las fases del proceso comunicativo del punto de vista cuantitativo o cualitativo.

Las búsquedas de verificación son conducidas por la empresa y hacen parte de la función de mercadotecnia.

	STRATEGIA DI MARKETING
	MARKETING MIX
RICERCHE DI VERIFICA SVOLTE DALL'AZIENDA	
RUOLO DELLA COMUNICAZIONE NELLA STRATEGIA DI MARKETING	
MIX DI COMUNICAZIONE	
OBIETTIVI PUBBLICITARI	
TARGET GROUP	
STRATEGIA MEDIA E STRATEGIA CREATIVA	
BUDGET	
PIANO DI CAMPAGNA	
ESECUZIONE	
CONTROLLO	
MODIFICHE	

En referencia en cambio a la planificación de los medios de comunicación hace falta conocer los medios a disposición, como comunican, audiencia, tarifas, tamaños y muchedumbre publicitaria.

Pero vamos por orden.

4.1 Técnicas de búsqueda

Las principales técnicas de búsqueda son:

-    **Búsquedas estratégicas**: son utilizadas para identificar el target y para localizar los conceptos más eficaces para dialogar con el target.

Para identificar el target se ya puede recurrir a informaciones en posesión o encargando búsquedas a sujetos externos que segmentan el mercado en grupos homogéneos de población y por tendencias de consumo.

Para identificar los conceptos más eficaces son utilizadas búsquedas cualitativas como los focus group donde una experta guía la discusión entre personas que representan el target y orienta el diálogo hacia los temas de interés de la empresa y la agencia publicitaria;

-    **Pre-pruebas cualitativas y cuantitativas**: utilizados para averiguar si el campo transmite los conceptos o el concepto de modo eficaz.

Las pre-pruebas cualitativas se basan en pocos coloquios de grupo, 6-10 personas, o sobre entrevistas individuales, 20-30 entrevistas.

Los coloquios y las entrevistas inician después de la transmisión del mensaje publicitario y conciernen la memorización, la credibilidad, el interés, la calidad del producto/servicio, etcétera después de una segunda exposición los coloquios y las entrevistas se basan como en aspectos más formales el texto, la música, las imágenes, etcétera

En las pre-pruebas cuantitativas se emplean campeones más grandes, 100-200 personas, que permiten una mejor representatividad del target group.

Las entrevistas son individuales y conciernen interés, satisfacción, comprensión, etcetera.

Tales métodos son utilizados para medir la propensión a la adquisición inducida por el mensaje publicitario.

Algunos métodos por la pre-prueba cuantitativa son:

el Folder prueba (empleado por la prensa) el objetivo es medir la percepción del anuncio integrado en una falsa revista en medio a otros anuncios.

Las entrevistas ocurren a domicilio y después de la exposición al mensaje el sujeto es entrevistado sobre el recuerdo del mensaje, se consiguen dos valores, el número de las citas y el escalafón de las citas.

Luego la entrevista se desplaza sobre los aspectos formales del mensaje. Se consiguen así puntuaciones sobre los elementos del mensaje publicitario recordado;

el Clucas (empleado por TV y cine) el objetivo es observar el fenómeno de percepción del mensaje.

El mensaje es presentado primer entero y luego secuencia después de secuencia a 300 personas sobre una pantalla cinematográfica.

Las entrevistas ocurren por formulario;

Schwerin, el mensaje les es presentado a los entrevistados, entre las 100 y las 500 personas, sobre una pantalla cinematográfica solo o en una secuencia de mensajes.

Viene en fin utilizado un formulario;

Split run, dos muchos anuncios imprime son insertados en una misma revista.

Cada anuncio es insertado en una mitad de la tirada.

La exposición ocurre en una situación real y son utilizadas entrevistas individuales; Reuniones familiares, empleado por la TV.

El mensaje es presentado a domicilio, el campeón es de 12 familias. Algunas pre-pruebas pueden ser cualitativas y cuantitativos: Tachistoscopio, después de que algunas imágenes sobre un aparato han sido proyectadas a velocidad y a distancias variables son conducidas entrevistas individuales, de 40 60 personas. Permite valorar la comprensión del mensaje;

Diafanometro, se utiliza entrevistas individuales a domicilio en que se pregunta al individuo de describir el mensaje a muchos niveles de enfoque. Sirve para medir la percepción de las imágenes publicitarias.

También existen como métodos de laboratorio: Eye habitación, es filmada los ojos del sujeto expuesto al mensaje para observar de ello los recorridos y los puntos de detención; Pupillometri, es observado las variaciones del diámetro pupilar, más las pupilas se extienden más el interés es elevado y viceversa; Red, se utiliza electrodos puestos sobre las manos del individuo y las variaciones de la conductibilidad de la piel enseñan mayor o menor atención;

- **Post-prueba, copy prueba**: averiguan si el target ha sido alcanzado y si el mensaje ha sido acogido tal como lo se quiso transmitir.

Generalmente la medición se es basada en búsquedas cuantitativas que aspiran a valorar la entrevista y la calidad del recuerdo dejadas por la publicidad.

El índice de reconocimiento es ella% de personas que declaran de riconoscere/ricordare un anuncio a al menos uno de los siguientes niveles, espontáneos, recuerdo ayudado de producto, recuerdo ayudado de prodotto/marca.

Por el primer nivel la pregunta a la que contestar es: ¿cuáles son los anuncios publicitarios ven?¿Por el para se acuerda de haber visto un anuncio por el producto X? ¿Por el tercio se acuerda de haber visto un anuncio por el producto X de la marca Y?

Luego hace falta averiguar si lo que ha sido declarado es verdadero o falso y por este se recurre es decir al índice de atribución ella% de personas que identifican correctamente una marca cuyo nombre ha sido escondido dentro del mensaje.

Los métodos cuantitativos son: Starch, (realizado en el 1923 por la prensa), es hecha deshojar una revista y le es preguntado al entrevistado si ha visto un determinado anuncio.

Son conseguidas tres medidas: Notado, % de lectores que recuerdan de haber visto el anuncio; Visto asociado: % de lectores que ha visto parte del anuncio; Leído de más: % que ha leído más que la mitad del anuncio; Impact, empleado por la prensa.

A un campeón de 200 personas es dejada a casa una revista.

Después de dos días es efectuada una entrevista que inicia les enseñan a los entrevistados una lista de nombres de productos anunciada sobre la revista y que tienen que ser reconocidos y descritos por el entrevistado.

Luego son hechas preguntas sobre la capacidad persuasoria de los anuncios reconocidos y al final son enseñados los anuncios para hacer preguntas sobre el recuerdo de los aspectos formales, imágenes, texto, etcétera); Dar, day afier recall, utilizado por la TV.

En las 24 horas que siguen la transmisión de un spot es entrevistado telefónicamente un campeón de 200 personas.

Le es preguntado si recuerdan los spot relativos a una determinada categoría de producto transmitidos antes el día. Luego se pregunta de recordar cosa fue dicho y enseñado y cuál fue la idea principal dentro del spot;

- **Búsquedas continuativas, tracking study o balance de campo:** son utilizadas por monitorare la eficacia de la campaña publicitaria, miden los efectos de medio/lungo período.

Siguen en el tiempo la evolución de la marca, del prodotto/servizio, de la publicidad.

Tales búsquedas proveen indicaciones para entender si en una fase de cambio del mercado y las actitudes la publicidad ya no comunica lo que tiene que comunicar.

Son utilizadas investigaciones cuantitativas y en tal ámbito son medidas las imágenes de marca y producto.

Las dimensiones que son tomadas en consideración son la notoriedad, interesa conocer el top of mind, el primer marca/prodotto/servizio se ocurrido al consumidor entrevistado, la claridad, con cuyo un consumidor se representa una marca, los rasgos caratterizzanti de la imagen de marca, es utilizado la técnica del diferencial semántico, al entrevistado se presenta una escalera que contiene conceptos contrapuestos entre que elegir, diversidad, número de dimensiones por que la marca es conocida por los consumidores.

En tal ámbito hace falta también considerar los Split Cable Prueba.

Son sistemas cuantitativos que permiten de averiguar la eficacia de la publicidad.

El sistema más difuso es el Behavior Scan, un sistema caro que solicita tiempos largos de ejecución, meses o años.

Se se basa en un campeón de 24000 personas distribuido en 8 ciudades. Los miembros al campeón tienen de las tarjetas que presenta en las tiendas cuando hacen adquisiciones y que permiten a la sociedad que está conduciendo la búsqueda de identificarlos junto a los productos adquiridos, (reconocidos por la lectura óptica del código de barra).

Además tal sistema también nota los programas vistos por el campeón gracias a un aparato unido al televisor. Eso permite de modificar la programación de los spot, subdividiendo el campeón en grupos homogéneas exposiciones a spot diferentes.

4.2 La planificación de los medios de comunicación y los vehículos. Los medios de comunicación planning

Ante todo hace falta distinguir entre media y vehículos.

Los medios de comunicación son el Tv, la radio, la prensa, internet, el cine y las fijaciones mientras los vehículos por ejemplo son una agenda y una emisora televisiva, una emisora radio, un periódico específico, ej.

El correo de la tarde, una revista específica, ej. Focus, un determinado situado internet, etcetera.

Los vehículos son contenidos en los medios de comunicación, representan las partes de contenido que los medios de comunicación clásicos engloban.

Cuando es efectuada la elección de los medios de comunicación es necesario tener en consideración sus ventajas y sus límites.

La prensa ofrece credibilidad, flexibilidad, una buena cobertura del mercado local o nacional, un discreto número de lectores y en algunos casos una buena calidad de las reproducciones a media prensa mientras en otros casos tío calidad resulta los tiempos de reserva de los espacios ser escasa pueden ser largos y a veces no hay alguna garantía sobre el posicionamiento del mensaje publicitario.

El Tv y el cine ofrecen un elevado nivel de cobertura y atención, unen imágenes y sonidos aumentando así la implicación.

Por contra los costes publicitarios pueden resultar elevados, el público no es seleccionado y demasiados contienen mensajes publicitarios que pueden provocar diversión respecto a un mensaje específico.

La radio ofrece costes contenidos y un empleo difuso pero tiene una menor capacidad de llamar la atención a causa del hecho que el mensaje sólo puede ser audio.

Las fijaciones ofrecen bajos costes y una buena repetición de la exposición pero ponen límites a la creatividad de la comunicación.

El empleo de internet ofrece interattività que gratifica al usuario final, un gran espacio competitivo, un mercado potencial global e infinita posibilidad de especialización sectorial.

Por contra la red solicita velocidad en mejorarse y en el establecer relaciones individuales con el consumidor.

La planificación de los medios de comunicación tiene como objetivo la individuación de los medios de comunicación mezcla mejor por una determinada campaña publicitaria y eso solicita el conocimiento de las unidades de medida que permiten la cuantificación de las características mediáticas:

-   **Audiencia**: el conjunto de lectores, oyentes, espectadores, telespectadores de un determinado medio en un determinado período de tiempo;

- **Duplicación**: el conjunto de individuos que pertenecen a la audiencia de dos vehículos;

- **Cumulazione**: el aumento de audiencia producido por un anuncio publicitario con respecto del precedente;

- **Contacto neto**: junto de los individuos del target group expuestos a un mensaje publicitario;

- **Contacto bruto**: número de veces que el target es expuesto al mensaje;

- **Cobertura**: es ella % de target alcanzado por un medio, de un vehículo o del mensaje;

- **Frecuencia mediana (OTS)**: OTS = contactos lordi/contatti netos, número mediano de veces que un individuo es expuesto al medio, vehículo, mensaje);

- **Cuesto contacto**: cuesto campagna/numero de contactos conseguibles, es el coste que sustentar para alcanzar a un individuo); - Porcentaje de composición: es la subdivisión% de los individuos expuestos a un medio con respecto de los característicos sociodemografiche;

- **Porcentaje de penetración**: indica el número de los individuos expuestos a un medio con respecto de un carácter sociodemografico, ej. hombres lectores de revistas periódicas;

- **Gross rating point (GRP)**: GRP = cobertura X frecuencia =, contactos brutos XES100, / target. El GRP es un indicador de la presión mediana publicitaria de un campo, de un medio, de un vehículo respecto al target y es usado para valorar los medios de comunicación planning. La presión publicitaria es el número de contactos que son realizados por la campaña publicitaria hacia el target group.

En la elección de los medios las variables de considerar son:

- La calidad e intensidad de exposición;

- La rapidez que solicita el mensaje;

- El período de tiempo;

- El presupuesto propio y aquel de la competencia;

- Los medios de comunicación mezcla de los competitors.

Después de haber elegido los medios de comunicación se eligen los vehículos utilizando algunos criterios de análisis:

- **Criterios cuantitativos**: soy la penetración de un vehículo, ella% de audiencia que se pone en contacto con el vehículo en un cierto período de tiempo; las afinidades de la audiencia, la relación entre audiencia útil del vehículo y audiencia total; el coste contacto por mil, es el coste que tiene que ser sustentado para alcanzar a mil personas);

- **Criterios cualitativos**: soy el contexto editorial (sintonía entre mensaje, contenido y vehículo); contexto publicitario (seriedad del vehículo, su naturaleza, prestigio del anuncio, etcétera); características técnicas (calidad en la reproducción del mensaje, bueno tempistica de salida, etcétera).

En los medios de comunicación planning generalmente es utilizado una matriz donde son clasificados los medios y los vehículos con base en la relación entre costes y beneficios ofrecidos.

La matriz es acompañada por una ficha de valoración que reconduce los performance de los medios relativos a tres índices:

- **Índice de calidad**: indica la capacidad de alcanzar el target group con el máximo impacto, afinidad de los medios respecto al target + valor del mensaje sobre los medios de comunicación;

- **Índice de eficacia**: indica la capacidad de transmitir el mensaje con la máxima versatilidad, cobertura + posibilidad de repetición);

- **Índice de eficiencia**: indica la capacidad de conseguir la máxima economicidad costo de los medios + formados del mensaje.

Para realizar un medios de comunicación planning político es necesario seleccionar los medios y los vehículos, definir el número de anuncios por cada medio y vehículo, planear el crono-programa de los llanos medios de comunicación.

Además es necesario calibrar la frecuencia (empleo repetido del mismo vehículo), cobertura, resultada empleo de diferentes medios y vehículos, impacto, conseguido utilizando formados amplios, y de eso mana que:

-	**Frecuencia elevada**: mediano planning que utilizan pocos vehículos con frecuencia elevada;

-	**Cobertura elevada**: mediano planning que utilizan muchos vehículos con pocas salidas;

-	**Impacto elevado**: mediano planning que utilizan pocos vehículos, pocas salidas en breve y grandes tamaños.

Algunas informaciones útiles por los medios de comunicación planning, sobre los medios y vehículos en Italia, pueden ser recogidas explotando algunas búsquedas oficiales: auditel, audipress, audiradio, icsa (investigación continuativa sobre las fijaciones), audinet.

En referencia a la adquisición de los medios se pueden distinguir tres fases:

La política de las adquisiciones: es necesario valorar las tarifas de los medios, los palimpsestos y las ofertas de los medios;

La planificación de las adquisiciones: en general es utilizada el análisis VISA, Ventajas / Implementaciones, Svantaggi/Alternative, que permite antes de valorar ventajas y desventajas que cada medios de comunicación ofrece con respecto de la campaña publicitaria que se quiere realizar y luego identificar las implementaciones de las ventajas y las alternativas a las desventajas;

La negociación final: los elementos llave son la política de venta de los concesionarios y los medios y la política de adquisición del cliente.

4.3 Los medios de comunicación Internet: algunas señas

El objetivo de la publicidad sobre internet, internet advertising, es la transformación del usuario en consumidor por determinadas acciones que conciernen:

-	**Interés**: se trata de inducir al usuario expuesto al mensaje a acceder al situado internet o a los sitios de interés del inversionista publicitario;

-	**Acción**: se trata de inducir el usuario a cumplir una acción en red, como por ejemplo la inscripción a un newsletter, etcétera;

-   **Adquisición**: ésta es la fase de la conversión de usuario a consumidor, se trata de inducir el usuario a la adquisición.

Un típico objetivo de mercadotecnia internet es aumentar el Conversion Plazos, la relación entre los visitadores totales de un sitio y los que han adquirido;

-   **Fidelizzazione**: es la fase de la readquisición.

Se utilizan campos on line para reforzar como por ejemplo el conocimiento de la marca y acciones de fidelizzazione descuentos para los miembros o por los que han gastado cierta suma, etcetera.

En general en red el 20% de los clientes engendra las 80% de las adquisiciones.

Las formas de publicidad principalmente utilizadas en internet, además de los email, son:

-   **Banner**: el tamaño más difuso tiene una forma rectangular y puede ser posicionado dentro de la página web.

Puede contener colores, texto y animaciones.

Su objetivo es llamar la atención del visitador y empujarlo a picarnos así sobre de ser catapultado sobre la página web del inversionista.

En referencia a la adquisición de los banner, el anunciante adquiere el número de contactos, los impressions (exposición de un usuario a un banner) registrado por el servidor web, de modo que averiguar cuál situado, que será elegido como vehicular, dará los resultados mejores.

Tales resultados son los clicktrough, el número de veces que el banner ha sido picado.

El Clicktrough Plazos es la relación entre los impressions adquiridos y el clicktrough, es decir la relación entre los usuarios que han visto el banner y el número de veces que el banner ha sido picado.

Esta relación indica el éxito de un campo basado sobre los banner que son adquiridos generalmente con base en los CPM, coste por mil impressions adquiridos, CPA (cost por action) coste por acción, por ejemplo la grabación al sitio, CPS (cost por sal) ventas engendradas por los banner, CPC, resultado conseguibles en referencia a los clicktrough;

-   **Patrocinios**: están presentes para un determinado período de tiempo sobre la página web;

-   **Pop-up**: minipagine web que se abren automáticamente;

- **Jumpsite**: son de los minisiti utilizados para llamar la atención sobre un determinado mensaje entre el banner y el sitio empresarial.

4.4 La publicidad global

En el nuevo mundo globalizzato la empresa puede globalizzare marca y producto, globalizzare solo la marca, global brand o globalizzare solo el producto, global product.

En referencia al global brand y basándose en la genética de marca se consiguen tres opciones:

- **Invasión**: la marca queda la misma, no cambia nada, actuar global);

- **Evolución fenotipica**: la marca se acostumbra localmente, cambian los carácteres secundarios y no aquellos dominantes (actuar glocal);

- **Mutación genotipica**: la marca se conforma completamente con los nuevos ecosistemas (actuar local).

Luego hace falta considerar la armonización, la adaptación de las políticas de la empresa con las costumbres locales.

La condición mejor es la que lleva a la uniformidad de políticas hasta alcanzar el estado de megabrand, por ejemplo la Coca Cola, el Sony, etcétera. Los megabrand están presentes en más de 50 Países con características de invasores, ocupan un territorio con una identidad precisa, tienen un papel de liderato, soddisfano una necesidad duradera del consumidor y proveen una imagen de confianza.

Los factores que aseguran la ventaja competitiva a los megabrand son:

- Tienen más informaciones, competencias y recursos;

- Tienen costes de producción más baja porque desplazada en zonas diferentes;

- Realizan una única campaña publicitaria.

En todo caso también los megabrand recurren a la armonización, por ejemplo contratar a personas del lugar o aportar pequeñas variantes a la producción con base en los gustos y costumbres locales.

La armonización puede ser:

-     **Hard**: modificaciones al performance del prodotto/servizio, ej. recetas, confección, gustos, etcétera;

-     **Soft**: modificaciones que conciernen la identidad, nombre y logo, el brand mercadotecnia, brand positioning, copy strategy, copy brief, advertising execution.

Tales características son armonizadas por la comunicación.

En un mundo globalizzato hace falta también considerar al consumidor global.

Se pueden localizar algunas categorías generales como los experimentadores, generalmente los jóvenes y los viajeros, los innovadores o reformatorios y los afluentes, los que se alejan de una cultura local para acercarse a la cultura transnacional.

SEGUNDA PARTE

LA COMUNICACIÓN POLÍTICA

5

LA COMUNICACIÓN EN POLÍTICA

La comunicación política puede ser definida como

"el cambio y la comparación de los contenidos de interés público producidas por los tres actores operantes en el espacio público, el sistema político, el sistema de los medios de comunicación y el ciudadano-elector."

Los aproches que definen la comunicación política son:

Aproches de politica: privilegian los aspectos en relación con la esfera política;

Aproches de comunicacion: privilegian los aspectos en relación con la comunicación entre emisora y destinatario del mensaje, técnico, estrategias, influencias, contestadas.

Según Wolton la comunicación política es el espacio en cuyo periodistas, políticos y opinión pública se intercambian discursos contradditori.

McNair pone al centro de la definición el flujo comunicativo entre emisor (formas de comunicación utilizadas por los políticos para alcanzar determinados objetivos), receptor (comunicación les vuelve a los políticos de ciudadanos y periodistas), mensaje (comunicación sobre los políticos y sujetos no políticos contenidos en las noticias, etcétera).

Según Nimmo y Swanson la comunicación política es al mismo tiempo manantial de poder y marginación producida y consumida por los ciudadanos informados y modelados por la historia política y cultural de su democracia. Gerstlè define la comunicación política distinguiendo tres dimensiones:

Pragmática: la comunicación política es utilizada para persuadir, dominar, informar, negociar;

Simbólica: la comunicación política pasa por los rituales del consentimiento y el conflicto;

Estructural: la comunicación política pasa por los canales institucionales (Parlamento, administraciones públicas, etcétera), organizaciones (partidos, etcétera), canales mediales y canales interpersonales.

Como La comunicación política disciplina nace en EE.UU. en los años' 50 y en el 1956 fue indicada por la primera vez uno de los tres procesos causales de la movilización e influencia política como junto al liderato y a los grupos sociales.

De los años 50 en luego tal disciplina se ha desarrollado en todo el planeta realizando muchas metodologías de estudio pero el aproche principalmente utilizados es el aproche comparado, se analizan y confrontan las situaciones y los problemas de la comunicación política en muchos contextos culturales e institucionales.

5.1 Algunos modelos, actores y flujos de la comunicación política

Según el modelo pubblicistico - dialógico de la comunicación política los medios de comunicación son uno de los principales motores del espacio público, su acción se suma a la acción dialógica de los ciudadanos y los políticos.

Los actores de la escena política moderna son:

Instituciones políticas;

Mass-media;

Ciudadanos.

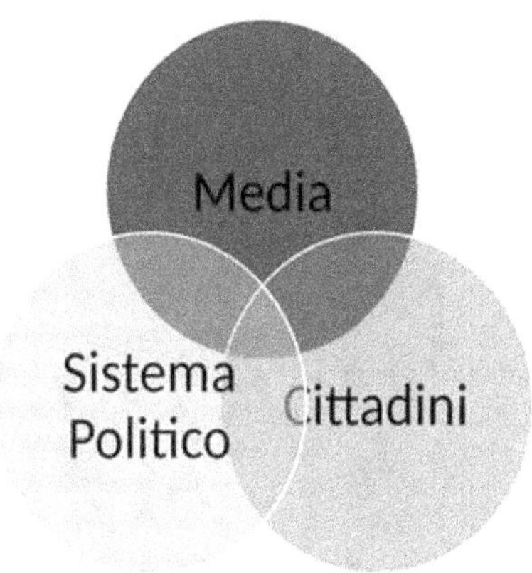

El sistema político comunica con los ciudadanos y los ciudadanos comunican con el sistema político.

De tal comunicación nace un espacio comunicativo (intersección verde entre sistema político y ciudadano).

El sistema político comunica con el sistema de los medios de comunicación y viceversa y de tal comunicación nace otro espacio comunicativo (intersección gris entre sistema político y sistema de los medios de comunicación).

El sistema de los medios de comunicación comunica de manera unidireccional con los ciudadanos forman un espacio comunicativo informativo (intersección azul entre sistema de los medios de comunicación y ciudadanos).

Las tres intersecciones forman la comunicación política mientras la comunicación político mediatizzata es formado por la intersección verde oscura entre sistema político, ciudadanos y sistema de los medios de comunicación.

En tal área la comunicación implica todo y tres los actores.

Según el modelo mediático de la comunicación política la acción de los mass-media en la esfera política es muy fuerte.

La acción política ocurre dentro del espacio medial, los medios de comunicación representan donde la arena tienen por fuerza lugar las relaciones entre los tres actores.

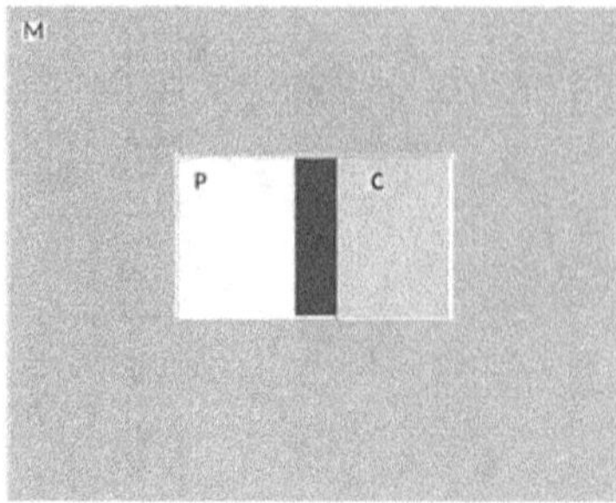

Los sujetos políticos P comunican con los ciudadanos C y viceversa en un contexto medial M.

La intersección entre P y C forma el espacio público que coincide con el espacio medial, los medios de comunicación son el canal de comunicación entre P y C y al mismo tiempo interlocutorios.

P y C obligan a conformarse con las lógicas de la comunicación de masa.

Como dice en precedencia a los actores de la comunicación política soy el sistema político, el sistema de los medios de comunicación y el ciudadano-elector.

Los flujos de la comunicación política pueden ser:

del sistema político al sistema de los medios de comunicación: las formas son la reglamentación (políticas públicas que gobiernan la actividad de los medios de comunicación en la arena política), los medios de comunicación information management, (el sistema político trata de influenciar la actividad de los medios de comunicación), fuente de información, (algunas miembro del sistema político colaboran con el medios de comunicación);

del sistema político al ciudadano-elector: las formas son la comunicación pública, a comunicar son las instituciones, el contacto personal (encuentro entre políticos y ciudadanos), la publicidad, (partidos o presentados como candidato se dirigen a la opinión pública para solicitar de ello el consentimiento);

del sistema de los medios de comunicación al sistema político: las formas de tal flujo son la información, (los medios de comunicación informan a los políticos sobre el estado de la opinión pública sobre un determinado argumento), la vigilancia, (los medios de comunicación devuelven público obrado lo del sistema político), collateralismo, (los medios de comunicación suplen de portavoz del sistema político), mediatizzazione, (los medios de comunicación imponen mismos tamaños a los mensajes que provienen del sistema político);

del sistema de los medios de comunicación al ciudadano elector: las formas son la información, (los medios de comunicación informan al ciudadano elector sobre lo obrado del sistema político), la manipulación, (los medios de comunicación vehicular mensajes que reflejan los intereses de determinados partos políticas), la publicidad, (los medios de comunicación vehicular mensajes producidos por el sistema político hacia el electorado);

del ciudadano-elector al sistema político: las formas de tal flujo son el voto, (el ciudadano comunica al sistema político su elección), el debate público, (el ciudadano participa en discusiones sobre discutes de interés general, generalmente por el medios de comunicación), la interacción directa, (el ciudadano encuentra los candidatos en los mitines, plazas, etcétera);

del ciudadano-elector al sistema de los medios de comunicación: las formas por ejemplo pueden ser los sondeos de opinión, la participación a programas tv, intervenciones sobre los periódicos, etcétera.

5.2 El sistema político y los medios de comunicación

El sistema político puede alcanzar a los ciudadano-electores por el medios de comunicación, pero los medios de comunicación son organizaciones con sus objetivos y sus reglas por tanto los mensajes que provienen del sistema político a menudo padecen una mutación en línea con las exigencias productivas del vehículo mediático.

A veces, más bien a menudo, el sistema de los medios de comunicación depende del sistema político, es reglamentado y en algunos casos financiados por ello.

La comunicación procedente del sistema político es dúplice, puede ser:

propagandística: cuando los comunicadores son sujetos políticos ocupados en una campaña electoral;

pública, educativa e informativa: cuando los comunicadores son sujetos políticos que revisten papeles institucionales.

En línea teórica se pueden distinguir muchas estrategias a segunda que el comunicador sea un Presidente/Premier, un Gobierno, un Parlamento, un partido, otros comunicadores políticos.

En referencia al Presidente/Premier se pueden distinguir dos estrategias:

rodeo: el Presidente trata de rodear los medios de comunicación para alcanzar directamente la opinión pública sin pasar por la mutación medial del mensaje;

embeleco: es la actitud amigable del Presidente/Premier con los medios de comunicación para conseguir una buena y benévola cobertura.

Por cuánto concierne el Gobierno él pueden distinguir:

la comunicación pública: son las comunicaciones que conciernen las actividades gubernativas administradas por adecuadas organizaciones o departamentos gubernativos;

la comunicación política: concierne las relaciones con las fuerzas de coalición, de oposición y con el sistema de los medios de comunicación.
Se pueden distinguir dos estrategias, los medios de comunicación management que consiste en el istaurare bueno relatas con los medios de comunicación para conseguir máxima visibilidad y el information management por que el gobierno trata de manipular la información para poder controlar la opinión pública.
Entre las técnicas utilizadas hay las presiones sobre los directorios de periódico, subsidios y desgravaciones fiscal a los medios de comunicación y a él spin-doctoring.
Él spin-doctor es un consultor de comunicación que, entre las otras funciones, tiene la tarea de "friccionar el mensaje", extraer lo mejor de cada situación, por ejemplo proveyendo una buena versión arreglada de una decisión impopular.

La comunicación que proviene en cambio del Parlamento puede ser distinguida en:

comunicación oficial: concierne el debate parlamentario, realizado por órganos directivos, son utilizados comunicados de prensa, boletines, publicaciones;

comunicación no oficial: concierne fuera la dialéctica política del aula;

comunicación periodística: se entrelaza con la comunicación oficial y no oficial, las decisiones tomaron en Parlamento son reconducidas sobre los medios de comunicación y sobre de ellos se desplaza el debate político.
La mutua dependencia media-política alcanza al ápice, los profesionales

de la comunicación y los políticos interaccionan haciendo caso a los mismos objetivos y a sus carreras y de eso nace la confianza y el respeto.

En referencia a los partidos es necesario subrayar que la comunicación interpartitica e intrapartitica se ha desplazado sobre el medios de comunicación y eso ha premiado los líderes y los personajes políticos con buenas capacidades comunicativas.

Ha nacido la figura del responsable de la comunicación, a estrecho contacto con los mass-media y ha nacido el partido medial.

El partido tradicional tuvo una estructura organizativa arraigada en el territorio, canales de comunicación internas, una historia y una cultura, movilidad vertical de los militantes.

En cambio el partido medial es caracterizado por una fuerte acción publicitaria, la comunicación interior se pone mediática, la estructura organizativa no ha arraigado sobre el territorio, no hay la movilidad vertical de los militantes en cuánto tiene un fuerte liderato en la cumbre caracterizada por el carisma, de la visibilidad, de la falta de una dialéctica interna y están perdiendo o no han tenido nunca una historia y una cultura.

Por cuánto concierne a los otros comunicadores políticos él pueden considerar a los grupos de presión, los sindicados y los empresarios.

Entre los grupos de presión se pueden regresar, quizás con alguno esfuerzo, los grupos terroristas.

Según Picard los terroristas tienen tres objetivos cuando investigan la cobertura mediática:

conseguir publicidad;

conseguir sostén moral;

conseguir un efecto contagio.

De muchos años ya está en curso un debate sobre la cobertura mediática de listas o acciones terroristas, de un lado hay los que sustentan el derecho a crónica, del otro los según que son necesarios evitar cada cobertura para evitar lo que ha descrito Picard.

Desde su difusión en las democracias occidentales a los medios de comunicación han sido atribuidas importantes funciones públicas como el desarrollo de la sociedad en la esfera política y cultural.

Según Robinson y Levy la formación del papel de los medios de comunicación en la política estadounidense deriva de cuatro teorías:

Teoría de la libertad de prensa: basada sobre la filosofía política de John Stuart Mill y Jhon Milton:

"un nuevo orden social sólo puede nacer si caen los vínculos impuestos por la autoridad tradicional".

Esta posición se fue casada por los órganos de prensa que se batieron para conseguir la máxima libertad de expresión.

Tal libertad fue codificada como en el 1789 por la primera enmienda de la Constitución estadounidense condición por una llena democracia.

En Italia todavía estamos bastante lejanos de tal condición, a pesar del art. 21 de la Constitución que representación:

"Todos tienen derecho de manifestar libremente el propio pensamiento con la palabra, el escrito y cada otro medio de difusión. La prensa no puede estar sometida a autorizaciones o censuras".

La profesión periodística en Italia puede ser sólo ejercida por los inscritos al orden de los periodistas, nacido en el 1925 como registro profesional bajo el régimen fascista y en el 1963, en lugar de ser abolido, fue transformado en orden, no es importante el título de estudio, por ejemplo la Licenciatura en Ciencias de la Comunicación, es importante sólo la inscripción, sin ningún referencia al título poseído y éste es sacrosanto y garantizado por la Constitución, pero debería ser sacrosanto también el derecho a ejercer la profesión por los inscritos, considerando el hecho que l' información mejor proviene de aquellos Países en que no existe un orden de los periodistas pero asociaciones voluntarias donde quienquiera está libre de apuntarse o menos;

Teoría del mercado de las ideas: considera las ideas como bienes comerciales, pueden ser compráis o vendidas y los mejores dominarán el mercado;

Teoría de la responsabilidad social: a la base de tal teoría hay el Muckraking, la caza a los escándalos políticos, al malaffare y a los abusos.

Tal teoría fue formalizada en el 1947 en EE.UU. por la Comisión sobre la libertad de prensa, según cuyo la prensa responsable tiene que proveer un informe completo e inteligente de los acontecimientos, servir de tribuna de cambio para ideas y críticas, tiene que vehicular la opinión pública y representar la realidad social.

Según Martin, Blumer y Gurevitch las funciones de la prensa en relación al sistema político son: trato imparcial de la política; hacer comprender el acontecimiento político (advocacy journalism); representar derechos y solicitudes de los ciudadanos por una información de vigilancia del sistema político (watchdog journalism); participación a la dialéctica política;

independencia; hacer provechos y tener las cuentas en nivelación cuál garantía de libertad (no ocurre este en Italia, se piensas en las financiaciones a los periódicos que serían fracasados de otro modo, ¿Quiénes deben agradecer aquellos directorios? ¿Y de qué manera?).

También hay otros aspectos que considerar, una zona de sombra caracterizada de: compromisos entre independencia y objetivos comerciales; espectacularización de la política para aumentar la audiencia; el hacer parte de un sistema elitista junto a los políticos;

Cultural Studies: según Stuart Hall los medios de comunicación no tienen que presentar una ideología o controlar a los comunicadores para garantizar la estabilidad porque ella es asegurada por una influencia sobre la cultura pública y sobre el lenguaje permitiéndoles a los periodistas de ilusionarse de hacer información de modo neutral.

Los medios de comunicación hacen emerger un agujero público dónde discutir los problemas social pero tal agujero puede ser manipulado para contestar a intereses elitistas.

Según la perspectiva de la **"construcción social de la realidad"** los medios de comunicación estructuran el sistema de los sentidos que conduce la acción del hombre.

Tal posición vuelve a llamar la escuela de Chicago y el interazionismo simbólico de Blumer y Mead según que la realidad es construida por el girador y eso lleva a distinguir tres tipos de realidad política:

la realidad objetiva: acontecimientos, personas y acciones;

la realidad subjetiva: es la realidad objetiva percibida sujetivamente;

la realidad construida: acontecimientos que sólo asumen sentido porque cubiertos por el medios de comunicación.

En el proceso de creación de la realidad es inevitable la distorsión, que la noticia puede ser involuntaria es producida como según los clásicos criterios de la industria cultural la calidad de la historia, la espectacularización, los índices de escucha, o intencional, la noticia es producida en base a una ideología.

El proceso de creación de la información es llamado newsmaking, junto de las prácticas que conducen las fases de selección, trato y confezionamento de la noticia.

La lógica de los medios de comunicación es contigua a la lógica comercial, el objetivo primario es el provecho.

Tal lógica es aplicada a cada tipo de información, también a aquella política y para tal razón muchos políticos les recurren a consultores de comunicación en cuánto para ejercer su poder necesitan de una visibilidad elevada y para conseguir una elevada visibilidad sus mensajes tienen que ser conformados con la lógica medial.

Los principales medios utilizados por la política son:

La prensa: es el primer medio que se ha estrellado y confrontado con el sistema político;

La televisión: es el principal medio de la arena política contemporánea.

La televisión ha sido y será coprotagonista, testigo y agente de cambios políticos. La televisión influencia el sistema político por el periodismo televisivo y la cobertura informativa de la política.

Son determinantes las reglas del newsmaking y según Rutherford Smith la televisión utiliza los esquemas de la narrativa mítica: la televisión representa la realidad contando historias con protagonistas los exponentes políticos; al centro de las noticias hay grupos y actores políticos; el Gobierno es el actor con mayor visibilidad; en las noticias son preferidos los aspectos sensacionalistas.

La imagen de la política que el público lleva de la televisión es el resultado de dos factores: el trattamento/confezionamento de los acontecimientos políticos de parte de los medios de comunicación y la capacidad de comprensión del público.

A este también se suma la presencia de los politólogos en televisión, desarrollan la función de opinion makers.

Nimmo y Combs en "The political pundits" definen a los politólogos pundits que en sánscrito quiere decir a maestro.

Los pundits pueden ser clasificados en "pundits venerables": sacerdotes, miembros de élites políticas y culturales y hablan entre de ellos, bardos, miran con sospecha los que detienen el poder y su lenguaje es más populista, oráculos, preven los acontecimientos, soy ex políticos o líder de minorías y "trendy pundits"che llegan del mundo del espectáculo: pensadores, intelectuales que intervienen sobre cuestiones de crónica y costumbre, locutorios (presencias estables en los talk show), críticos de los medios de comunicación, los conductores y los políticos comentan.

Los nuevos medios de comunicación: están causando cambios epocales en el periodismo político en cuánto se multiplican los canales de información, la información es accesible en cada momento, el poder periodístico disminuye en cuantos los ciudadanos pueden dialogar directamente con el sistema político.

6

INTERACCIÓN ENTRE EL SISTEMA DE LOS MEDIOS DE COMUNICACIÓN Y EL SISTEMA POLÍTICO

El sistema político y el sistema de los medios de comunicación están en una relación de mutua dependencia, crean y hacen circular el discurso político.

Tal interacción puede ser esquematizada en modelos que pueden ser puestos en relación con diferentes parámetros de los sistemas políticos.

Los principales parámetros son:

el parámetro sistémico - normativo: concierne las dimensiones subordinazione/autonomia de los medios de comunicación en un sistema político.

Tal parámetro ha sido elaborado en el 1975 de Blumer y Gurevitch y en el específico abraza cuatro dimensiones: el grado de control estatal sobre los medios de comunicación, (las áreas del control gubernativo y las acciones de defensa de la autonomía de los medios de comunicación soy: los nombramientos de las cumbres de las organizaciones mediales, las financiaciones y las facilitaciones fiscales por las empresas de los medios de comunicación, el contenido de los medios de comunicación); el grado de afinidad política de los medios de comunicación o partisanship (son cinco niveles de intensidad: el sumo grado se tiene cuando los partidos son implicados directamente como en las empresas mediales a propietarios, proveedores de fondos o administradores; el fuerte grado se tiene cuando los partidos ejercen una influencia indirecta sobre los medios de comunicación gracias al collateralismo ideológico o político de los profesionales de la comunicación, el fenómeno del fiancheggiamento o el periodismo demediado o de la parcelación; el mediano grado se tiene cuando los medios de comunicación apoyan y critican un partido como los periódicos simpatizante; el bajo grado se tiene cuando el apoyo no es abonado, depende de la evolución de los acontecimientos políticos; el grado cero se tiene cuando los medios de comunicación son políticamente autónomos); el grado de integración en la élite político medial (depende de las afinidades políticos y socioculturales entre a las dos élites); el grado de convicción sobre la función socio-política de los medios de comunicación (más tal convicción es fuerte más es neta la distinción entre papeles políticos e informativos).

el parámetro massmediale: concierne la orientación profesional de los medios de comunicación.

Tal orientación puede ser pragmática (justo del periodismo estadounidense que persigue las finalidades de la lógica de los medios de comunicación, que sigue los gustos del público) y sacerdotal (justo del periodismo italiano, sueco y francés, sensible a las exigencias de la política, poniendo en según llano la lógica de los medios de comunicación).

6.1 Modelos, efectos y lenguaje

Los modelos de interacción mediana política pueden ser distinguidos en:

el modelo adversario: concierne el periodismo antagonista que desarrolla funciones de control (watchdog journalism), o que educa el público a comprender la política (advocacy journalism);

el modelo colateral: se tiene cuando intereses y objetivos del sistema de los medios de comunicación y el sistema político concuerdan;

el modelo del cambio: el sistema político y el sistema de los medios de comunicación se intercambian recursos, por fuerza las relaciones son definidas del tipo y de la naturaleza de los recursos que cada sistema puede ofrecer;

el modelo de la competición: el sistema político y el sistema de los medios de comunicación están en competición entre de ellos, el sistema de los medios de comunicación trata de conseguir un poder de influencia política alternativa al sistema político (se piensas en las empresas editoriales que hacen política, en sintonía con los grandes movimientos de opinión inherente el ambientalismo, las libertades civiles, etcétera) para movilizar la opinión pública sobre determinadas temáticas.

El sistema de los medios de comunicación produce efectos sobre el sistema político.

Tales efectos son definidos efectos sistémicos y se dividen en:

efectos mediáticos: conciernen las modalidades de producción, articulación y difusión del mensaje político y son la construcción de la agenda política (con la cobertura informativa de determinados acontecimientos los medios de comunicación pueden dirigir el debate político, decidir las prioridades y empujar los políticos a tomar partidos partidos), la espectacularización (es atada a la moderna comunicación de masa basada sobre determinados esquemas lingüísticos que regresan en la esfera del entretenimiento, de la dramatización, del espectáculo y de la publicidad que devuelven los mensajes divertidos, atractivos y sensazionalistici) y la fragmentación de la información política (el discurso político es reducido a los mínimos términos a causa de la lógica productiva de los medios de comunicación, se ocasiona el efecto de los sound bites, golpes a efecto y pequeñas declaraciones insertadas en los news);

efectos políticos: conciernen las consecuencias de la influencia de los medios de comunicación sobre los sujetos políticos y sobre su acción y soy la personalización (es dada importancia al candidato, al político, a su imagen y no al programa político), la leaderizzazione (es dado importancia a las calidades y los defectos del líder político) y a la selección de las élites (son cada vez más los medios de comunicación a seleccionar las élites políticas y cada vez menos los mecanismos de partido.

Durante las elecciones los medios de comunicación son llevados a asegurar mayor visibilidad a los que tienen habilidad dialéctica, a los que son telegénicos, a los que logran proponerse como presentado como candidato personajes que logran a suscitar interés y a aumentar la audiencia).

Pasando al lenguaje político hace falta partir de su definición de carácter sociopolitologico, es decir además de los aspectos gramaticales, sintácticos y fonéticos hace falta considerar los aspectos sociopolíticos dentro de la comunidad lingüística.

Generalmente es hecha una ecuación entre política y lenguaje porque la política se basa sobre el lenguaje y por el lenguaje se articula la política.

El lenguaje político es constituido por símbolos, rituales y rituales, determinantes en la comunicación política y se identifica como una lengua sectorial falto de un léxico especializado, es decir saca a la lengua común y a otros lenguajes especiales (feminista, ecologista, etcétera), importando de ello expresiones, palabras y metáforas (se piensas en la jerga futbolística utilizada como en política "salir al campo" o "perder las elecciones es equivocar como un penalti"). Un método utilizado en el estudio del lenguaje político es el Análisis de las Correspondencias Léxicas, ACL, que permite de localizar el empleo de los términos más utilizado por los sujetos políticos de que se deduce la estrategia comunicativa.

Según la "nueva retórica científica" para ser persuasorios los comunicadores tienen que respetar algunas exigencias: el mensaje tiene que llamar atención; los razonamientos en el mensaje tienen que estar claros y simples; el mensaje tiene que ser aceptado como verdadero.

El estudio de la retórica política se ocupa de los discursos políticos, del estilo de los mensajes, de las características del comunicador (acentos, errores y fuerza expresiva). Los medios de comunicación recurren a la retórica en la interacción política para difundir los mensajes del sistema político y para movilizar la opinión pública.

Un tipo de lenguaje político es el ritual político, es un modo de comunicar que refleja la estructura cultural de un determinado contexto sociopolítico, un ejemplo de ritual político es el voto.

El ritual político tiene dos características, la conservación y el cambio, puede ser un instrumento de integración social o un instrumento contestativo y existe gracias al simbolismo político.

El simbolismo político es el cambio de los recursos no materiales de la política (valores y sentidos) y la acción política siempre ha sido sustentada por símbolos.

Según Laswell los símbolos son recursos de poder pero el poder también tiene a disposición otros recursos.

Según Edelman el símbolo es algo que induce los efectos psicológicos deseados.

Según Dyan todas las ceremonias son organizadas en función de los medios de comunicación que un vasto público y los rituales, los símbolos y los protagonistas garantizan padecen una transformación definido "delocalizzazione del simbolismo político."

El factor que garantiza tal transformación es el factor de la ingeniería "simbólica", la producción de los rituales políticos ocurre por una negociación entre directores, actores protagonistas, media y públicos.

Los medios de comunicación difundiendo tales mensajes contribuyen a crear actitudes políticas y opiniones políticas.

6.2 La comunicación electoral y el marketing político electoral

Durante el período electoral la interacción comunicativa entre sistema de los medios de comunicación, sistema político y ciudadano electores se fortalece.

Tal período es caracterizado por tres elementos: el agonismo y el dramatismo; la analogía entre competición electoral y competición económica; mensurabilidad del poder de impacto del sistema de los medios de comunicación sobre el sistema político. Las actividades comunicativas del sistema político y el sistema de los medios de comunicación producen la campaña electoral. La campaña electoral tiene que ser considerada como un conjunto que encierra dos categorías:

la campaña electoral de los sujetos políticos: la comunicación aspira a conseguir el voto de los ciudadanos, los giradores son los sujetos políticos, el destinatario es el cuerpo electoral, el mensaje es persuasorio, (actividad de propaganda y publicidad electoral).

En general los modelos de comunicación se basan en los esquemas "nosotros contra ellos" y "la conquista de todo."

En el primer esquema el sujeto político se basa en las convicciones de su electorado y utiliza los medios de comunicación para mantener su electorado y conquistar nuevos votos.

En el segundo esquema el sujeto político utiliza técnicas de comunicación contempladas y los medios de comunicación para conseguir el voto de todo el electorado.

Ambos los modelos regresan en la mercadotecnia politico/elettorale.

La mercadotecnia electoral utiliza los mismos elementos de la mercadotecnia mezcla clásica: la individuación de las necesidades de los ciudadanos electores; la realización de un producto electoral capaz de satisfacer tales necesidades; la determinación de los criterios para fijar el precio, (cuánto costará al sujeto político y a los ciudadanos) del producidos electoral; la determinación de los criterios para promover el producto electoral; la determinación de los criterios para distribuir el producto electoral.

la campaña electoral de los medios de comunicación de masa: la comunicación no contempla a conseguir el voto de los ciudadanos pero a difundir un mensaje que puede ser persuasorio, crítico o referencial.

Los giradores son los medios de comunicación y los destinatarios los ciudadanos y los sujetos políticos.

La campaña electoral moderna es caracterizada por la comercialización de la arena política (la competición electoral ha asumido los semblantes de una competición económica y los modelos de comunicación se han acercado a la comunicación pubblicitaria), de la falta de ideologías específicas, de la gran cantidad de canales de comunicación, del professionalizzazione de las actividades de comunicación y de la mercadotecnia electoral, diferente de la mercadotecnia política.

La mercadotecnia política (marketing politico) concierne el empleo de los instrumentos de mercadotecnia en política cuando las elecciones son concluidas y la competición es dirigida a reforzar las posiciones.

La mercadotecnia electoral es el empleo de los instrumentos de mercadotecnia durante la campaña electoral para hacer conocer el candidato y su producto electoral a los ciudadanos, para crear las diferencias con los competitor y conquistar votos.

Durante la fase inicial de la mercadotecnia electoral son desarrolladas análisis de lo marcado electoral recurriendo a los sondeos o a los focus group para conocer las tendencias de la opinión pública.

La parte más importante de una estrategia de mercadotecnia es representada por la comunicación y el instrumento principalmente utilizados es la publicidad.

Maarek ha localizado tres categorías: las técnicas tradicionales (pueden ser interactivas, como por ejemplo la puerta a puerta, el templete, etcétera, y unidireccionales, como octavillas, manifiestas, etcétera), las técnicas audiovisuales y las técnicas de mercadotecnia directa (por ejemplo el telemarketing y el mailing).

Los personajes ocultos de una campaña electoral son los consultores políticos, spin doctors, mediano adviser y campaign manager, que los candidatos entrenan del punto de vista comunicativo y los conducen por todo el campo. Son expertos asumidos por los sujetos políticos para hacerle conquistar y mantener votos, escaños y cargos.

Durante las actividades de mercadotecnia hace falta hacer mucho caso a la construcción de la imagen.

Las actividades de construcción de la imagen tienen que aspirar a hacer prevalecer la imagen proyectada sobre la imagen percibida cuando este última es diferente en sentido negativo con respecto de aquél proyectado.

La imagen percibida es la representación mental que el elector tiene candidato.

La imagen proyectada es el perfil de un sometido politico/candidato construido y difundido por los medios de comunicación que llega intacto en la mente del ciudadano elector.

Tal imagen es un recurso estratégico, la imagen presenta el sujeto político y su oferta, y de cambio, la imagen tiene que representar lo que promete el sujeto político en línea con cuanto requerido del electorado.

La forma principalmente difusa de publicidad electoral es el spot, nato en EE.UU. en el 1952 durante el campo presidencial de Eisenhower, el que hizo girar y difundir cuarenta filmado por el título a "Eisenhower contesta a América", en cuyo los individuales ciudadanos le sometieron al candidato a Presidente de las preguntas sobre los problemas de la Nación.

Devlin ha dividido el spot en seis tipos: el spot medio busto dónde habla sol el candidato, los spot negativos dónde el candidato habla contra los competidores, los spot cine verdad que representan momentos de la vida del candidato, el spot documentario que cuenta la vida del candidato, el spot les entrevista a las personas dónde los entrevistados opinan al candidato, el spot testimonial donde las celebridades o los personajes públicos sustentan al candidato.

6.3 La información electoral

La información electoral es producida por los newsmedia para informar a los ciudadanos sobre discutes electorales pero al mismo tiempo es el resultado de la comparación entre el sistema político y el sistema de los medios de comunicación que puede conducir a una actitud benévola o crítica. De tal interdependencia mediana política nace el mediano campaign, un campo conducido por los políticos bajo los reflectores de los medios de comunicación y contada por los medios de comunicación según las reglas del newsmaking.

El mediano campaign se articula en la selección de los temas del debate político (tematizzazione) y en el control de la agenda electoral que depende de variables macro y micro. En las variables macro regresan:

la fuerza del sistema de los partidos: más fuerte es el sistema y menor es el poder de los medios de comunicación de controlar la agenda de la campaña electoral;

equilibrios entre servicio público y sistema comercial: el girador comercial empuja los periodistas a incidir solo en la agenda;

grado competitivo del sistema de los medios de comunicación: mayor competencia lleva a prestar más atención a los intereses del público;

grado de professionalizzazione del campo: mayor es la presencia de consultores político menor es el poder de los medios de comunicación;

diferencias culturales: dónde la política goza de mayor respeto los medios de comunicación no influyen en la agenda.

En las variables micros regresan:

orientación ideológica de los medios de comunicación: la orientación política puede influenciar la cobertura de determinados acontecimientos;

status del candidato: un candidato saliente posee mayores recursos para condicionar los medios de comunicación;

espacio informativo disponible: el grado de influencia sobre la agenda depende del espacio que cada medios de comunicación pone a disposición, mayor es el espacio con una mejor cobertura de los acontecimientos y mayor será el poder de influencia.

Arterton en referencia al newsreporting afirma que

"la información electoral refleja la acción estratégica de los sujetos ocupados en los campos y tío acción tiene en cuenta la actividad informativa de los periodistas".

El sistema político considera el sistema de los medios de comunicación como un poder a si, capaz de influenciar la opinión pública.

A tal situación el sistema político reacciona tratando de influenciar el sistema de los medios de comunicación por el news strategy y el news management.

Los objetivos de tales actividades llevados a la práctica del sistema político son:

conseguir visibilidad y una buena imagen de los medios de comunicación;

tiernas las distancias de los medios de comunicación para evitar ataques proteger el mensaje.

Para alcanzar tales objetivos los organizadores de una campaña electoral utilizan diferentes técnicas:

las relaciones con los medios de comunicación son administradas por empleado prensa; tiernas ruedas de prensa para llamar la atención;

organizar encuentros antes de la misa en ola de los telediarios o la salida de los periódicos para ser padecido visible;

atacar a los adversarios;

preparar y proveer a los medios de comunicación material informativo preempaquetado; ofrecer informaciones reservadas a determinados medios de comunicación y vehículos;

organizar grandes acontecimientos de llamada que los medios de comunicación tendrán que cubrir;

ofrecer asistencia a los que siguen el campo.

En referencia al newsmaking el sistema de los medios de comunicación es orientado a la espectacularización de la información política, por los aspectos conflictivos y sensacionalistas por exigencias comerciales, en cuánta la política no es fácilmente vendible y por este el producto tiene que ser hecho atractiva.

La información política es confeccionada como si se tratara de una carrera de caballos, es subrayado el aspecto agonístico por una terminología deportiva y militar.

Se trata de una operación de framing, trato de la realidad política en un marco específico.

La cobertura informativa agonística se basa en tres dimensiones:

el campo: los medios de comunicación describen el traslado de las fuerzas políticas;

las competiciones: los medios de comunicación describen el choque por talk show, entrevistas, debates, etcétera;

las clasificaciones: los medios de comunicación describen las clasificaciones utilizando sondeos y previsiones.

La información spettacolarizzante se es basado en la personalización de la competición electoral (los protagonistas del campo se encuentran al centro de la atención de los medios de comunicación) y sobre la fragmentación del discurso político (los medios de comunicación hacen caso a los golpes a efecto, contenidos más sensacionales, citas, etcétera y los políticos las ofrecen con complicidad).

La información electoral pero también es caracterizada como por elementos no comerciales el papel cívico de los medios de comunicación, la defensa de la función informativa de la propaganda y de la actitud sospechosa respecto al sistema político.

La información electoral puede ser les dividida en yernos con base en el medio utilizado.

En los medios a prensa se pueden distinguir: la crónica, la entrevista, la investigación, la sátira, la información de servicio, el editorial. En la televisión se pueden distinguir los telediarios, las entrevistas, las ruedas de prensa, los debates, los talk show, los reportajes.

Todas las campañas electorales modernas se basan en temas, imágenes y estrategias.

Los temas son los issues (temas o problemas alrededor de los que gira la comparación política) y representan de los recursos políticos, objeto del choque político y objeto de cambio entre media y política por el control de la agenda electoral.

El resultado de tal cambio es el tematizzazione que define el centralità de los issues en el debate electoral.

Los issues incluso pueden ser, temas atados a acontecimientos espontáneos (no son producidos del sistema de los medios de comunicación o del sistema político), reflejadas por los media (create de los sujetos políticos que solicitan la atención de los medios de comunicación), inducidas por los medios de comunicación, (seleccionados por los medios de comunicación y correos al centro del debate electoral).

Durante la campaña electoral los issues tratados por los medios de comunicación se clasifican en:

political issue: temas inherentes las visiones ideológicas, las formaciones, las candidaturas y las fórmulas de gobierno;

policy issues: cuestiones relativas a las políticas gubernativas, legislativas, administrativas; personal issues: cuestiones atadas a la vida de los políticos;

campaign issues: cuestiones relativas a la organización de la campaña electoral como las candidaturas, la dirección, los sondeos y las previsiones.

En la cobertura informativa electoral muy importante son las imágenes, el modo de ver la arena política, los press image, las etiquetas aplicadas por los medios de comunicación a los candidatos, a su electorado, a sus posiciones sobre determinadas cuestiones.

También tienen gran importancia como las estrategias cognoscitivas los sondeos pre electorales que permiten de reconducir la orientación del electorado durante la campaña electoral.

$$7$$

EL CIUDADANO ELECTOR

El ciudadano-elector es el tercer sujeto de la comunicación política, es el destinatario de los mensajes producido del sistema político y del sistema de los medios de comunicación.

Es también emisor de mensajes que soy la reacción a los estímulos producidos del sistema de los medios de comunicación o del sistema político o bien producidos directamente por el ciudadano para influenciar el sistema político o el sistema de los medios de comunicación.

En este entorno comunicativo el ciudadano madura las convicciones que conducen su acción política.

Tal entorno es constituido por tres manantiales de comunicazione/influenza: mass- media, interacción social, sujetos políticos. El comportamiento político de un individuo puede ser considerado como un producto de una serie de influencias que derivan del sistema político, del sistema de los medios de comunicación y de la comunicación interpersonal (interacción social).

Tales influencias son filtradas por las características psicosociales del sujeto.

7.1 Los mass-media

Pueden ser considerados como:

fuentes de conocimiento político : los medios de comunicación se pueden configurar como promovedores del proceso de conocimiento político (por ejemplo cuando un órgano de información de noticia de un acontecimiento político), integradores en el proceso de conocimiento político (por ejemplo cuando las informaciones difundieron por los medios de comunicación entran en un ya encaminado discurso), factores de fomento o distorsión en el proceso de conocimiento político (por ejemplo los medios de comunicación pueden devolver más atractivo o cubrir de modo hostil una campaña electoral);

instrumentos de persuasión: las variables que pueden aumentar la capacidad persuasoria son las variables relativas al girador y las variables relativas al mensaje.

Las variables relativas al girador son la credibilidad y la capacidad de atracción.

Las variables relativas al mensaje son: el salienza: el grado de importancia que una noticia tiene para un individuo.

Para producir salienza los medios de comunicación utilizan las búsquedas de mercado para descubrir los gustos del público, contestando a tales gustos con un producto apto o pueden crear salienza con una cobertura especial de determinados acontecimientos; la intensidad: la cobertura insistente de un acontecimiento de modo que inducir el público a pensar que tal acontecimiento es importante, es el efecto de agenda setting; la repetición: la repetición de los mismos mensajes entregada al familiarizzazione, precondición de la persuasión; la diferenciación: concierne los contenidos y el confezionamento de la información de modo que conquistar nichos de público.

Tales variables representan la fuerza externa del mensaje. La fuerza interior del mensaje es formada en cambio por dos variables: unilateralità/bilateralità: un mensaje unilateral se basa en argumentaciones a favor mientras un mensaje bilateral también expresa argumentaciones críticas y contrarias; orden de presentación: según la "ley" del primacy la información presentada por primera tiene un impacto mayor sobre el destinatario, en cambio según la "ley" del recency es la información presentada por última a tener un mayor impacto sobre el destinatario;

proveedores de instrumentos interpretativos de la realidad política (función de framing): el concepto de framing fue elaborado en el 1974 por Goffman en el libro "Frame Analysis."

Según Pan y Kosicki el concepto de Framing puede ser de naturaleza sociológica, el framing es utilizado como orquesto narrativo de los medios de comunicación para enmarcar la realidad, o de naturaleza psicológica, el framing es una función de la elaboración mental de los materiales informativos recibida por un sujeto que interpreta y divisa.

Iyengar y Kinder han introducido el concepto de priming: la información en televisión, haciendo caso a de los argumentos e ignorando de ello otra influencia los criterios que las personas utilizan para juzgar el sistema político. Según la "teoría" del folleto el modo en que los medios de comunicación plantean las probables soluciones a un problema influencia la decisión del sujeto.

7.2 La interacción social

La interacción social o comunicación interpersonal se desarrolla sobre tres niveles de influencia:

influencia entre dos personas: la influencia del opinion líder es más fuerte que la influencia de los medios de comunicación cuando hay una discordancia sobre los contenidos presentados por las dos emisoras (media y opinion líder).

Cuando no hay discordancia las dos emisoras suman su influencia en la convicción del sujeto receptor (two step flow de Lazarsfeld);

influencia dentro de un grupo: los flujos comunicativos son influenciados por las reglas, jerarquías, cohesión y organización del grupo.

La fuerza de influencia del grupo aumenta con un alto grado de cohesión y homogeneidad, mientras disminuye cuando hay poca cohesión y heterogeneidad y eso permite acciones de influencia de parte de otros manantiales;

influencia del clima de opinión sobre el individuo: el clima de opinión puede influenciar las decisiones de un individuo.

El clima de opinión nace de las interacciones en la vida cotidiana, del contexto de las opiniones políticas que circulan sobre los medios de comunicación, de las influencias interpersonales.

Por cuánto concierne la comunicación interpersonal en las campañas electorales, es influyente tanto en los campos locales que en aquellas nacionales.

7.3 Los sujetos políticos

La comunicación de los sujetos políticos aspira a hacer conocerle al ciudadano su posición, movilizar a los ciudadanos y convencer al elector.

Las variables que pueden aumentar la capacidad de influencia son la credibilidad y la capacidad de atracción.

La comunicación de los sujetos políticos también tiene otras funciones, informativas, formativa/educativa, de orientación de las opiniones dentro del partido político.

8

LAS PRINCIPALES TEORÍAS SOBRE LOS EFECTOS DE LA COMUNICACIÓN POLÍTICA

Las principales etapas de la investigación y la teoría sobre los efectos de la comunicación política son:

La perspectiva de la sociedad de masa y el comportamentismo: la investigación científica sobre los efectos de la comunicación de masa inicia con la "teoría de la aguja hipodérmica" o" teoría del proyectil mágico", en los primeros años del siglo XX.

La teoría de la aguja hipodérmica se basa sobre una visión mecánica de las influencias sociales y sobre la sociedad de masa concebida de modo tal que los grupos son llevados a comportamientos irracionales y fácilmente manipolabili.

Según tal teoría los mensajes de los medios de comunicación tuvieron efectos directos sobre el modo de pensar de la gente y eso produjo comportamientos previsibles, independientemente de las características sociales e individuales de los sujetos.

El comportamentismo siguió a influenciando la investigación hasta el II° Guerra Mundial pero al mismo tiempo se desarrollaron nuevas corrientes que tendieron a desmentir tal aproche;

La Escuela de Columbia University: Lazarsfeld fue lo primero a conducir investigación s sobre el comportamiento político en relación a la influencia de los medios de comunicación.

Las tres investigaciones más conocidas fueron "The people's choice" del 1944, "Voting" del 1954 y "Personal influence" del 1955.

En estas investigación s fue utilizado por la primera vez el sondeo a través de paneles representativos de sujetos, entrevistados muchas veces en un determinado arco temporal, para evidenciar los cambios con respecto de la emisión de los mensajes.

Estos estudios fueron programados sobre las dinámicas comunicatividades durante los campos presidenciales estadounidenses del 1940 y el 1948.

Los resultados de Columbia School puede ser resumidos en cuatro teorías sobre los efectos de la comunicación: el determinismo social (las preferencias políticas de una persona son determinadas por sus características sociales); el efecto limitado de las campañas electorales (sólo pocas personas cambian intención de voto en consecuencia de la exposición a mensajes mediales. Los cambios no son imputables a la información vehicular por los medios de comunicación, entran en juego otros factores que filtran el mensaje y le impiden influenciar directamente al elector.

Los indecisos y los interesado son principalmente aquellos expuestos); la influencia social (como dice en precedencia la influencia del opinion líder es más fuerte que la influencia de los medios de comunicación cuando hay una discordancia sobre los contenidos presentados por las dos emisoras, media y opinion líder.

Cuando no hay discordancia las dos emisoras suman su influencia en la convicción del sujeto receptor.

Las ideas que parten de los medios de comunicación llegan a los líderes de opinión y de este hacia sectores activos del electorado); la selectividad (los electores seleccionan, perciben y sólo memorizan las informaciones coherentes con la propia orientación política).

Estas teorías fueron consideradas la prueba de los efectos limitados de los medios de comunicación pero las investigación s siguientes desmintieron tal asumido;

La Escuela del Survey Research Center (SRC) de la Universidad de Michigan: después del II° Guerra Mundial el interés sobre el comportamiento de los electores en las campañas electorales creció y las técnicas de investigación empezaron a permitir de estudiar el comportamiento político sobre campeones vastos de población.

Tales técnicas fueron usadas por la primera vez en el campo presidencial estadounidense del 1952 por Michigan School. Hicieron parte de tal escuela Campbell, Convergidas y Miller.

Las investigación s más famosas son "The people elect a President" del 1952, "The voter decide" del 1954 y "The american voter" del1960.

Según estos investigadores el comportamiento político no dependió de la pertenencia de grupo pero de la psicología personal del elector, por tanto en contraste con el determinismo social de Lazarsfeld.

El factor llave que pudo explicar actitudes y comportamientos políticos fue la identificación partitica, es decir "el apego del elector por uno de los partidos", por este los efectos de los medios de comunicación fueron considerados mínimos sobre las decisiones de voto.

La validez de la identificación partitica fue denegado pronto.

En el 1976 Verba y Petrocik, en el volumen "The chancing american voter", basándose en los mismos fecha del SRC recogido en el 1972, demostraron que de un voto de pertenencia partitica se pasó a un voto ideológico sobre los problemas, y es justo por los medios de comunicación que el elector viene a conocimiento de los problemas, se forma una opinión y confronta a los candidatos;

El redescubrimiento del poder de los medios de comunicación: de los años' 70 en luego ocurre un gradual redescubrimiento de la importancia de los medios de comunicación en política, el término escuela es reemplazada por los términos "filones" de interés común se basados en el método comparado donde muchos investigadores tratan de encontrar una línea común.

Tal cambio es debido a los cambios en los sistemas políticos y en las tecnologías de la comunicación.

El redescubrimiento del poder de los medios de comunicación se encierra en cuatro teorías: teoría de los empleos y "gratificaciones", "teoría de la dependencia de los medios de comunicación", "hipótesis" de agenda setting, "teoría de la espiral del silencio."

En la teoría de los empleos y "gratificaciones" los investigadores quieren demostrar que la naturaleza de la comunicación de masa no es sinonímico de gregarietà y manipolabilità del público.

Utilizan el concepto de público activo en relación al empleo y a los contenidos de los medios de comunicación.

Las características del público activo son la selectividad, el utilitarismo, la intencionalidad, la resistencia a la influencia, la implicación emotiva y la valoración, satisfacción o rechazo.

Según tal teoría "donde los giradores sepan contestar y conformarse con las motivaciones, esperadas, necesidades del público, el poder de influencia de los mensajes mediales puede aumentar notablemente."

En la comunicación política tal teoría fue aplicada a una investigación del 1964 sobre la campaña electoral inglesa desarrollada por Blumer y McQuail del título "Television en politics. Its uses and influences."

Según los investigadores los electores telespectadores se exponen a los mensajes con un paquete de expectativas y motivaciones cuál el saber por quien votar, estar puesto al día sobre la evolución de la campaña electoral, entender cómo actuaría una vez un determinado partido empalme al poder, adivinar al vencedor, gozarse el choque político.

La "teoría de la dependencia de los medios de comunicación" fue elaborada en el 1976 por Ball-Rokeach y De Fleur.

Según tal teoría "está por los recursos informativos que el sistema de los medios de comunicación pone a disposición, que individuos y grupos pueden satisfacer las necesidades de la comprensión de si y la sociedad, de orientación a la acción y a la interacción, de la diversión personal y social.

Tal dependencia de los manantiales informativos tiene efectos sobre el comportamiento y tíos efectos de dependencia soy más potentes en los momentos de crisis, conflicto, cambio y menos potente en los momentos de estabilidad."

L' "hipotensos de agenda setting" fue avanzado en el 1972 por McCombs. Según tal hipótesis "los medios de comunicación tienen la capacidad de establecer qué es importante que las personas sepan, por el simple hecho de conceder atención a determinados acontecimientos (primera dimensión de la agenda setting).

La gente aprende cuanta importancia dar a los issues reconducidos por los medios de comunicación gracias al énfasis sobre que los medios de comunicación ponen de ellas (segunda dimensión de la agenda setting)".

La "teoría de la espiral del silencio" fue elaborada a medias años' 70 por Noelle-Neumann según que "los grupos de poder pueden expresar repetidamente y con fuerza sus opiniones por los medios de comunicación, eso deja suponer al público que tales opiniones sean muy difusas, más de lo que lo sean efectivamente, por lo tanto algunos son empujados a aceptarle para no sentirse aislados en la sociedad, mientras que otros con opiniones diferentes se sienten socialmente aislados y por éste callan, renuncian a imponerse su punto de vista."

8.1 La socialización política

La influencia de la comunicación política sobre el ciudadano-elector puede concernir la socialización política, el aprendizaje informativo, la participación a la vida política, la formación de las elecciones de voto y las dinámicas de la opinión pública.

En tal contexto la ciudadanía es entendida como el conjunto de los ciudadanos titulares de derechos y deberes en una sociedad y es vista cómo destinataria de la comunicación que proviene del sistema político y del sistema de los medios de comunicación.

Según la comunidad científica la socialización política es "el proceso por que los niños adquieren las actitudes y los modelos de comportamiento adaptados al papel de futuros ciudadanos y al proceso por que son transmitidos por una generación a la otra los valores políticos."

La formación de la conciencia política del niño es el producto de muchos factores que conciernen la persona, el entorno y las instituciones sociales.

Las primeras interacciones sociales ocurren en el entorno dentro del que el niño se pone en contacto con la realidad política por los discursos de los adultos.

La estructuración ideológica del niño madurará con la edad y con el multiplicarse manantiales de influencia, entre cuyo la televisión. Según la "teoría del cultivo" de Gerbner "la adquisición de conocimientos y valores no ocurre sólo por la exposición a contenidos políticos, pero también por programas de fiction y entretenimiento."

Cornell ha dividido en fajas de edad el proceso de socialización política. En la edad preescolar existe parecido una distinción entre entorno (lugares y personas conocidas directamente) y entorno lejano (héroes de los cuentos, deportivos, estrellas cinematográficas, políticos, etcétera).

Alrededor de los siete años el niño está capaz de distinguir los políticos de otros personajes y percibirlos como importantes porque detienen el poder. Alrededor de los diez años los niños vienen a conocimiento de las elecciones. Alrededor de los once años los niños vienen a conocimiento del orden politico/gerarchia de mando.

Alrededor de los doce años comprenden que en política se cogen las decisiones.

Alrededor de los quince años ponen en relación el conflicto entre los partidos con los conflictos entre los grupos de interés y entre ideologías diferentes.

8.2 El ciudadano informado

Las democracias representativas presentan dos límites:

ella no correspondencia entre el ideal de soberanía popular y el gobierno de hecho en mano a una élite;

el ciudadano no es informado, por lo tanto no es competente y es no activo.

En referencia al primer límite Schumpeter sólo ha elaborado la "teoría de la competición de las élites" según que "en las democracias de masa una minoría de ciudadanos es informada y activa y hace él que quien gobierna lo haga de modo responsable.

Son estas minorías que participan en la vida política y se estrellan en la competición por la conquista del poder".

Sobre el segundo límite Down han propuesto l' "interpretación del ciudadano racional" que se informa cuánto basta ya para hacerse una idea de las ventajas que puede conseguir de la participación o menos a la vida democrática.

Por cuánto concierne el estado de los conocimientos de carácter sociopolitologico, los dos aproches más interesantes soy el information processing y la agenda setting.

Según la "teoría del information processing" en un típico día, mitades de los telespectadores sólo tienen un recuerdo superficial de la mitad de las noticias transmitidas.

Una vez aprendidas, la mayor parte de las informaciones son olvidadas. Según Graber los factores que devuelven la información política difícilmente comprensible son las escasas capacidades elaborative de los individuos y el modo de presentación del contenido informativo (el sensacionalismo, la superficialidad, el excesivo recurso a las imágenes hacen difícil la adquisición de la información).

La "teoría de agenda setting" (McCombs, Shaw), quiere demostrar que hay correspondencia entre las cosas que los medios de comunicación dicen ser importantes y las cosas que los ciudadanos creen importantes.

Los límites de la información medial, por cuánto concierne la adquisición de conocimientos políticos de parte del ciudadano, pueden ser superadas por la comunicación interpersonal (factor sociológico) y del interés (factor psicológico).

Una síntesis del saber científico sobre la influencia de los manantiales de comunicación sobre los conocimientos políticos de los ciudadanos ha sido elaborado por Delli Carpini y Keeper:

los ciudadanos informados sobre la política están en minoría;

los que conocen bien un hecho político conocen bien también el resto de la vida política;

la desigualdad en el conocimiento político de los ciudadanos es una característica individual correlata a las desigualdades sociales, económicas y políticas entre los grupos de ciudadanos;

los factores determinantes en la adquisición de conocimiento político son la motivación, el interés, el nivel de instrucción y el entorno informativo.

8.3 La participación y la formación de las elecciones de voto

Según Pasquino la participación política es

"aquel conjunto de actos y actitudes directas a influenciar las decisiones de los poseedores del poder en el sistema político o en individuales organizaciones políticas, para conservar o modificar la estructura del sistema de intereses dominantes".

Además distingue entre participación visible (la que se puede observar en los comportamientos de individuos o grupos) e invisible (cuando está presente una opinión pública interesada en la política e informada sobre la política, que no se activa casi nunca).

Las posiciones de los estudiosos sobre el papel de los medios de comunicación en los procesos de participación política, se dividen en dos formaciones: según los críticos/pesimistas los medios de comunicación crean un pseudo partecipazione (el ciudadano se transforma en espectador), según los optimistas los medios de comunicación son un instrumento de crecimiento civil y demócrata para los ciudadanos.

Las variables que entran en la formación de las elecciones de voto han sido generalizadas en modelos, con base en la procedencia geográfico occidental, el modelo estadounidense y el modelo europeo.

En el modelo estadounidense las variables son la identificación de partido, la imagen del candidato (variable primaria), las posiciones de los candidatos sobre los issues, pertenencia a alguna forma de agregación social.

En el modelo europeo las variables son la preferencia político rechazo (la aversión a conceder el voto a determinados candidatos o a partidos), identificación partitica, identificación de área (continuum izquierda-centro-derecha), imagen del líder (variable más importante).

En tal proceso de creación de las elecciones de voto también regresa la "teoría del folleto" de Tversky y Kahneman, según cuyo "el modo en que los medios de comunicación plantean las posibles soluciones a un problema influencia la decisión del sujeto.

El sujeto decidirá a segunda que estas soluciones se imaginen en términos de renta o pérdida con respecto de la situación de salida."

Considerando todos este estudios es evidente que la comunicación es un factor primario en la formación, esplicitazione y difusión de la opinión pública, que puede ser considerada como fenómeno individual y colectivo.

La opinión pública como fenómeno individual tiene que ser considerada como un conjunto de opiniones de un cierto segmento de población.

Las opiniones son diferentes de las actitudes.

Las actitudes son impulsos emotive/affettive y son tendencias no manifiestas hacia un objeto.

En cambio las opiniones son las respuestas observables a una pregunta o a un problema. Los factores que forman la base psicológica de las opiniones son los esquemas (estructuras cognitivas que conservan y organizan la información sobre un determinado acontecimiento u objeto), los valores (creencias que sirven para juzgar), las identidades de grupo (ayudan la construcción del concepto de si, de la identidad personal, de la identidad social y las visiones de la realidad).

Estos factores vuelven a llamar los procesos de influencia de los tres fuentes de comunicación (mass-media, interacción social, sujetos políticos). Cuando estos tres fuentes presentan al sujeto estimulas informativos, los esquemas, los valores y las visiones compartidas con el grupo se activan para formar una posición mental sobre determinados issues, es decir la opinión, que se volverá importante por el cambio político en el momento de la externalización, porque hasta que la opinión quedará uno hecho personal su valor por el cambio político será igual a cero.

La opinión pública como fenómeno colectivo asume relevancia política. Sartori considera la opinión pública como el comportamiento de un público, cuyas observaciones varían al variar temas del debate político presiente sobre los mass-media.

Price distingue el público en público general (corresponde a una determinada población, la opinión pública es definida mass opinion y corresponde a la suma de las opiniones de los individuos de aquel popolazione), pubblico atento (son los ciudadanos informados, la opinión pública es atada a un determinado issue) público activo (es los ciudadanos que mantienen una opinión y participan en la vida política) y público de los electores (es el público más sondado, la opinión de tal público es notada en las formas de preferencias por un sujeto político y es tomada como indicación de una probable decisión de voto).

8.4 Los sondeos

Los sondeos desarrollan la función de difusión de la opinión pública por los mass-media, además notan y transmiten la pregunta política, comunican la oferta política, averiguan el consentimiento, pueden a su vez producir opiniones e influenciar el comportamiento de voto.

Según Cirios los sondeos anunciados producen tres efectos:

efecto sobre los políticos: los resultados de los sondeos influencian las decisiones políticas;

efecto de legitimidad/deslegitimación sobre los políticos: concurren a reforzar o reducir el consentimiento;

influencia sobre los electores: los sondeos que difunden la opinión pública influencian la opinión del público.

Dentro de los años' 50 y' 60 en EE.UU. fue localizado dos efectos de los sondeos pre- electorales sobre el comportamiento de voto:

Efecto Bandwagon (saltar sobre el carro del vencedor): la difusión televisiva de los resultados electorales en los Estados de la costa atlántica a urnas todavía abiertos, por la diferencia de fundido horario, en los Estados de la costa pacífica, pudo producir sobre los electores que debieron todavía votar

"el efecto de votar para el candidato que apareció vencedora";

Efecto Underdog: la difusión televisiva de los resultados electorales en los Estados de la costa atlántica a urnas todavía abiertos, por la diferencia de fundido horario, en los Estados de la costa pacífica, pudo producir sobre los electores que debieron todavía votar

"el efecto de no ir a votar porque ya creído inútil"

BIBLIOGRAFÍA PRIMERA PARTE

Aicardi G. Come valutare la pubblicità: i post-test, Media Key n.156, giugno, 1996

Aicardi G. e Rossi P.E. La comunicazione pubblicitaria, Media Key, n 155, maggio 1996

Bruner J. La ricerca del significato, Boringhieri, Torino, 1992

Ceserani G.P. Storia della pubblicità italiana, Laterza, bari, 1988

Codeluppi V. La pubblicità. Guida alla lettura dei messaggi, Franco Angeli, Milano, 1997

Codeluppi V. Consumo e comunicazione. Merci, messaggi e pubblicità nelle società contemporanee, Franco Angeli, Milano, 1989

Codeluppi V. La società pubblicitaria. Consumo, mass-media, ipermodernità, Costa & Nolan, 1996

Corniani A. Le agenzie di pubblicità, in Sinergie n. 43/44, 1997

Day B. Avete trenta secondi, Lupetti % Co., Milano, 1990

Di Caro G. Internet Marketing. Strategie di mercato e di comunicazione, Etas libri, Milano, 2000

Dogana F. Le parole dell'incanto, Franco Angeli, Milano, 1990

Fabris G. Consumatore e mercato, Sperling & Kupfer, Milano, 1994

Fabris G. La pubblicità: teorie e prassi, Franco Angeli, Milano, 1992

Fabris G. Consumatore & Mercato. Le nuove regole, Sperling & Kupfer, Milano, 1995

Fiocca R. La comunicazione integrata nelle aziende, EGEA, Milano, 1994

Greenwald D. e Dettori G. Fare Marketing con Internet, Apogeo, Milano, 1998

Lombardi M. (a cura di) Il nuovo manuale di tecniche pubblicitarie, Franco Angeli, Milano, 2002

Mauri A.G. (a cura di) Letture di economia e gestione delle imprese di comunicazione, IULM, Milano, 1999

Miranda L. Internet Marketing, Hoepli Informatica, Milano, 2000

Ogilvy D. I segreti del mestiere, Mondadori, Milano, 1989

Seguela J. Figlio della pubblicità, Lupetti & Co., Milano, 1983

Vardar N. Global advertising, rhyme or reason? Chapman, Londra, 1992

Zara C. La valutazione della marca, Etas libri, Milano, 1997

BIBLIOGRAFÍA SEGUNDA PARTE

Barbagli M. e Maccelli A., La partecipazione politica a Bologna, Il Mulino, Bologna, 1985

Bechelloni G., Giornalismo o postgiornalismo? Liguori, Napoli, 1995

Bentivegna S., Comunicare politica nel sistema dei media, Costa & Nolan, Genova, 1996

Calise M., Dopo la partitocrazia, Einaudi, Torino, 1994

Castellani P., Psicologia politica, Il Mulino, Bologna, 1997

Cavalli L., Governo del leader e regime dei partiti, Il Mulino, Bologna, 1992

Ceri P., (a cura di), Politica e sondaggi, Rosenberg & Sellier, Torino, 1997

Crespi F., Le vie della sociologia, Il Mulino, Bologna, 1994

D'Agostino E., L'analisi del discorso, Loffredo, Napoli, 1992

Fedel G., Simboli e politica, Morano, Napoli, 1991

Garbarino A., Sociologia del giornalismo, Eri, Torino,1985

Jacobelli J., (a cura di) La comunicazione politica in Italia, Laterza, Bari, 1989

Jacobelli J., (a cura di) Check-up del giornalismo italiano, Laterza, Bari, 1995

Kertzer D.I., Riti e simboli del potere, Laterza, bari, 1989

Legrenzi P., e Girotto V., (a cura di), Psicologia e politica, Cortina, Milano, 1996

Losito G., Il potere dei media, Nis, Roma, 1994

Mancini P., Sussurri e grida dalle camere: l'informazione politico-parlamentare in Italia, Angeli, Milano, 1994

Mannheimer R., e Sani G., Il mercato elettorale. Identikit dell'elettore italiano, Il Mulino, Bologna, 1997

Marletti C., Media e politica, Angeli, Milano, 1984

Mazzoleni G., La comunicazione politica, Il Mulino, Bologna, 1998

McQuail D., I media in democrazia. Comunicazioni di massa e interesse pubblico, il Mulino, Bologna, 1995

McQuail D., Sociologia dei media, il Mulino, Bologna, 1996 Mucchi Faina A., L'influenza personale, Il Mulino, Bologna, 1996

Pasquino G., Manuale di scienza della politica, Il Mulino, Bologna, 1986

Pratkanis A.R., e Aronson E., Psicologia delle comunicazioni di massa. Usi e abusi della persuasione, Il Mulino, Bologna, 1996

Rodotà S., Tecnopolitica. La democrazia e le nuove tecnologie della comunicazione, Laterza, Roma- Bari, 1997

Sartori G., Homo videns. Televisione e post-pensiero, Laterza, Roma-Bari, 1997

Wolf M., Teorie delle comunicazioni di massa, Bompiani, Milano, 1985

Wolf M., Gli effetti sociali dei media, Bompiani, Milano, 1992